客家
Hakka

歴史・文化・イメージ

飯島典子・河合洋尚・小林宏至

現代書館

集合住宅

円形土楼における人々の生活。祭祀の後の共食の準備。(2014年2月、福建・永定)

客家地域以外に存在する円形の集合住宅、道韵楼の内観。(2011年8月、広東・潮州)

囲龍屋。
現在はこの伝統集合住宅を出て、周囲のコンクリート住宅に住んでいる人が多い。
だが、儀礼時にはいまだに囲龍屋を使う。(2006年11月、広東・梅州、夏遠鳴撮影)

三合院。
囲龍屋と同じく中央奥に祖堂があり、祝い事の時には一族の人々がここに集まる。
(2008年3月、台湾・屏東県佳冬郷の楊及芹祖堂、郭立初撮影)

食文化

醸豆腐。
中国南部だけでなく、いまや世界の各地で
客家の豆腐料理として売られている。
（2012年8月、マレーシア・コタキナバル）

傷心涼粉。
中国四川省の代表的な客家料理となっている。
同じ客家料理といっても地域差があり、
なかには相当辛いものもある。
（2011年8月、四川・成都）

塩焗鶏[左]と梅菜扣肉[右]。
いずれも代表的な客家料理として
世界各地の客家レストランで提供されている。
（2013年2月、オーストラリア・メルボルン）

川魚の刺身。
中国南部のいくつかの客家地域では
昔ながらの刺身料理が今も残っている。
ただし醤油とわさびは日本から後に輸入された。
（2015年8月、福建・寧化）

年中行事

元宵節の参拝。
祖堂に灯籠を掲げて子供の誕生を祝う。
かつては男児の誕生だけがお祝いの
対象になったが、今では女児の誕生も祝う。
(2015年3月、広東・梅州の張氏留余堂)

風水に基づいて墓を修繕し、
再建完了を祝う儀式の様子。
客家は祖先崇拝を重視するといわれ、
清明節などでは祖先の墓を参拝する。
(2010年7月、福建・永定)

タヒチの市場における春節の獅子舞。
客家、非客家、非華人がともに獅子舞を演技・鑑賞し、春節を祝う。(2018年2月、タヒチ・パペーテ)

民俗宗教

太平天国の乱で殉死した客家義民の位牌。
義民は、客家のシンボルとみなされる場合がある。(2012年3月、広西・博白)

三山国王像。
三体の兄弟神はみな顔の色が異なっている。
一部の客家地域では
「客家の守護神」とみなされる。
(2009年8月、広東・掲西)

楊太伯公廟。
客家地域では自然や人間を神格化して祀る
伯公信仰が盛んである。楊太とは伝説の風水師・
楊筠松であり、この廟は風水を祀っている。
(2012年8月、マレーシア・テノム)

世界に拡散する客家、集まる客家

タヒチ・パペーテの関帝廟で
お祝いのダンスを披露する客家。
ポリネシア風の服飾と踊りとなっている。
（2017年2月）

漢字とスペイン語を併記した
客家レストラン。
客家は世界各地に移住した後、
複数の言語を使うようになっている。
（2018年3月、ペルー・リマ）

第28回世界客家大会。世界各地に離散した客家が定期的に集まって親睦を深める。
（2015年10月、台湾・新竹、周子秋提供）

客家のアイコン

花布。
台湾では
桐花とならんで
客家のアイコン
になっている。

いまや円形土楼は客家のアイコンとなり、
世界各地の非土楼文化圏でも次々に建てられるようになった。
（2015年8月、インドネシア・ジャカルタのタマンミニ公園）

涼帽を被る女性。
もともと涼帽は非客家女性も被るが、今や客家のアイコンとなった。
近年は観光資源にもなっている。（2009年9月、香港・新界）

はじめに

ここ数年、日本では客家〈ハッカ〉に対する関心が徐々に高まっているようにみえる。実際、客家についての講演をおこなうといつも少なからず聴衆が集まり、熱心な質問にこちらが圧倒されることすらある。客家に関心をもつ動機はさまざまなようだ。円形土楼が世界文化遺産に登録されてから客家に興味をもった方もいれば、台湾や中国や東南アジアなどで直に客家と接してきた方もいる。だが全般的に、日本では客家の知名度はまだ高いとはいえない。「客家とは誰か」「客家文化とはどういうものか」という問いに簡潔かつ明確に答えられる書物もいまだに限られている。今の日本において客家に関する書物は、一般には理解が難しい専門書か、ステレオタイプの客家像を描き出した一般書のいずれかに偏っているといえる。

こうした状況を目のあたりにして、われわれは、最新の学術的動向に目配りしつつも客家とその文化を一般向けに紹介する本をつくることができないか、考えるようになった。そうしてスタートしたのが本書の企画である。本書は、歴史学や人類学を専攻する三名の著者が、客家地域におけるフィールドワークと文献調査の成果に基づき、写真や図を使いながら客家の歴史や文化やイメージについて解説したものである。現在の客家と密接にかかわる三〇の項目を掲載してあり、事典のように気になったところから読み進めることができる。本書は、これまでの概説書とは異なり、客家をめぐるステレオタイプをできるだけ押し付けないよう心がけた。歴史については「定説」以外の諸説を掲載し、文化については筆者がフィールドワークで収集した「生のデータ」を掲載した。客家をめぐる諸々のイメージにも触れるが、本書は、それを事実として捉えるのではなく、そうしたイメージがいかようにつくられてきたのかを紹介するようにしている。

具体的に本書は、「多様性」と「現実性」をモチーフとしながら、客家の歴史・文化・イメージを三つの部に分けて紹介している。まず第Ⅰ部では、客家の歴史とそれによる分布状況を概観し、そのうえで客家の割合が比較的高い地区を個別に紹介している。また、この部では日本に居住する客家や、東南アジア等から中国に帰国した客家華僑についても触れている。次に、第Ⅱ部では、今を生きる客家の生活文化、とりわけ親族、儀礼、衣・食・住、信仰、山歌、工芸について概観する。そして、第Ⅲ部では、言語と表象についてとりあげ、中原《ちゅうげん》の言語・文化を継承し、愛国心が強く、質素・勤勉で、教育熱心などといった客家のイメージがいかに表現されているのかを紹介する。

繰り返すと、客家の言語・文化は極めて多様である。本書は、その多様性を現地におけるわれわれの観察から示すことを目的の一つとしている。ただし、もちろん今に生きる客家の全てを描き出すことは困難である。客家の社会と文化は極めて多様であるため、例えば「客家の建築とは○○である」とか「客家地域の信仰とは××である」という全体化をなすことはできない。それゆえ、本書では、われわれが長期のフィールドワークをおこなってきた範囲、特に広東、福建、台湾の事例を中心とし、その他の地域も具体的な地名を挙げながら逐次言及していくことにする。なお、文化は時代により変わりうる。本書で挙げる事例は、特に二〇〇〇～二〇一八年に見聞したものを中心としている。

本書は、三名の著者の実体験に基づき出来ている。現地で客家の人々とふれあい、生活を共にするなかで体験した等身大の客家の姿を、少しでも読者にお伝えしたいという思いを込めて筆をとった。読者の方がページを操っている間、われわれと共にフィールドに出たような気持ちになっていただければ無上の喜びである。

飯島典子・河合洋尚・小林宏至

『客家——歴史・文化・イメージ』◉目次

注記

本書では、各章の初出の専門用語や固有名詞にルビをふっている。基本的には、日本の読者への分かりやすさを考え、日本語のルビを多用することにした。ただし、日本語では表しにくい中国語については、標準中国語を基準とし、それとなるべく近い発音をカタカナ表記することにしている。

本書は客家についての概説書であるため、本来ならば客家語のルビをふるべきなのかもしれない。しかし、客家語といっても多様であり、例えば広東省東部の客家語と福建省のそれとでは意思疎通を図るのが難しいほど異なる。また、同じ広東省東部の客家語であっても、梅州北部の客家語（台湾で「四県腔」と呼ばれる）とその他の地域の客家語も同じではない。したがって混乱を避けるため、本書は客家語のかわりに標準中国語で統一することにした。異なる客家語の発音を強調したい時だけ、漢字の後に、広東四県腔の客家語には〈 〉、福建永定県の客家語には〔 〕をもうけ、できるだけ近い音をカタカナで表記する。

他方で、本書の対象地域は、世界各地に及んでいる。本書では便宜上、香港、マカオ、台湾と大陸中国とを別個に呼称する。また、大陸中国という表現は地理的概念であり、政治的意味は一切こめられていない。こうした区別をするのは、香港、マカオ、台湾が異なる植民地の歴史を経験し、今でも異なる通貨や社会制度を採用していることによる。また、大陸中国、香港、マカオ、台湾を除く世界各地の中国人コミュニティを華僑華人社会と呼称する。

第Ⅰ部　歴史と地理

第一章　客家のルーツ

客家とは誰か?

客家、と書いてハッカ（Hakka）と読む。日本語流に発音すればきゃっか、だが近年は原語（客家語）に近いハッカ、という読み方が主流になりつつある。それだけ日本でも知られるようになったということなのかもしれないが、まずこの由来から見てゆこう。彼らは大陸中国のおよそ九二％を占める漢族の一支系であり、独自の文化と言語をもつ集団である。中国のみならず日本・朝鮮半島でも、人はたいがい出身地をアイデンティティの一つとし、「大阪人」「名古屋人」などと称する。中国もその例外ではない。しかし、客家は「客として家《か》する（客として住む）」という意味であり、出身地を表していない。これは明らかに「広東人」（注1）、「潮州人」（注2）「閩南《びんなん》人」（注3）などといった地域を基盤とするアイデンティティとは違っている。だから、中国においてですら、客家に詳しくない人々に奇妙な印象を与えている。

「客」は、現代日本語では通常ゲスト、お客さん、という来訪者という語感で、やや好感をもって用いられるが、時には「よそ者」といった警戒感を含む字面にもなる。そうした背景もあり、今でこそ客家は漢族として認められるようになったが、戦前までは客家が蔑称的に用いられることもあった。漢民族ではなく、少数民族であるとする誤認も根強かった。もっともこれは単なる偏見ではなく、それなりの理由があった。福建で

（1）広東語を話す集団で、広府人や本地ともいう。ここでいう広東人とは、広東省に住む人々を単純に指すわけではない。広東省には客家や潮州人、少数民族なども住んでいるが、これらの集団はいわゆる広東人（広府人、本地）には属さない。

（2）広東省東部の潮州、スワトウ（汕頭）一帯に住む、潮州語を話す人々を指す。この二つの地名の頭文字をとって、潮州語で「潮汕人」《デュオスワナン》と呼ばれることもある。詳しくは、志賀市子編『潮州人』（風響社、二〇一八年）を参照のこと。

（3）閩とは福建省を指す。したがって、閩南とは福建省南部のことである。閩南人の言葉・

は「畲客《シェークー》」（注4）のように、客は時として蔑視の語感を以て少数民族の名に付けられ、「家」の字も少数民族の呼称にしばしば用いられた例がある。トウチャ族の「土家」は、今日でも「家」が付いているし、スイ族（水族）の「水家」、プイ族（布依族）の「仲家」、ペー族（白族）の「民家」にも「家」の字ついている。（注5）また当時の一般的な中国事情紹介では、広東などにおける水上居民の別名が「蛋家《たんか》」と呼ばれていた。だから、少数民族としてたびたび誤解されてきた。

だが、客家は現在、漢族の下位集団として公的に認められている。それどころか、客家は中国歴代の革命を支えてきた、漢族の精鋭であるといわれることすらある。客家が「東洋のユダヤ人」などと呼ばれ、多くの有名人を輩出してきたことは、客家自身によって繰り返し強調されている（➡第二十五章参照）。

中原起源説

客家に限らず、どの民族もそのルーツを限りなく古代まで遡って書き、さまざまな神話と伝説を交えて如何に悠久な歴史を持つ集団であるかを披瀝《ひれき》する傾向がある。客家もその例外ではない。客家のなかには、古代の殷（商）までそのルーツを求める族譜（漢族の家系図）すらある。今日まで、中国における客家学の祖である羅香林《らこうりん》による中原からの「五度」の大移動が定説となっており、福建省寧化《ねいか》・石壁《せきへき》（➡第四章参照）での定住が客家の民系形成に大きく影響したということになっていて、この移動経路が必ずといってよいほど概説書に載っている（図1-1）。概説書ばかりでなく、今や中国南部に林立した客家ミュージアム（➡第二十九章参照）にある紹介パネルにもたいがい、羅香林の作成した客家の移動地図が掲げられており、こうした移動経路を理解することが客家に

習俗と、福建北部（閩北）人のそれとは差異が大きい。状況依存的に福佬ということもある。だが、潮州人とは類似している。

（4）『長汀縣志』（清光緒五年刊本影印　巻三三、雑識二）を参照。

（5）周達生「客家文化考」『国立民族博物館研究報告』（第七巻一号、六〇-六一頁　一九八二年）を参照。

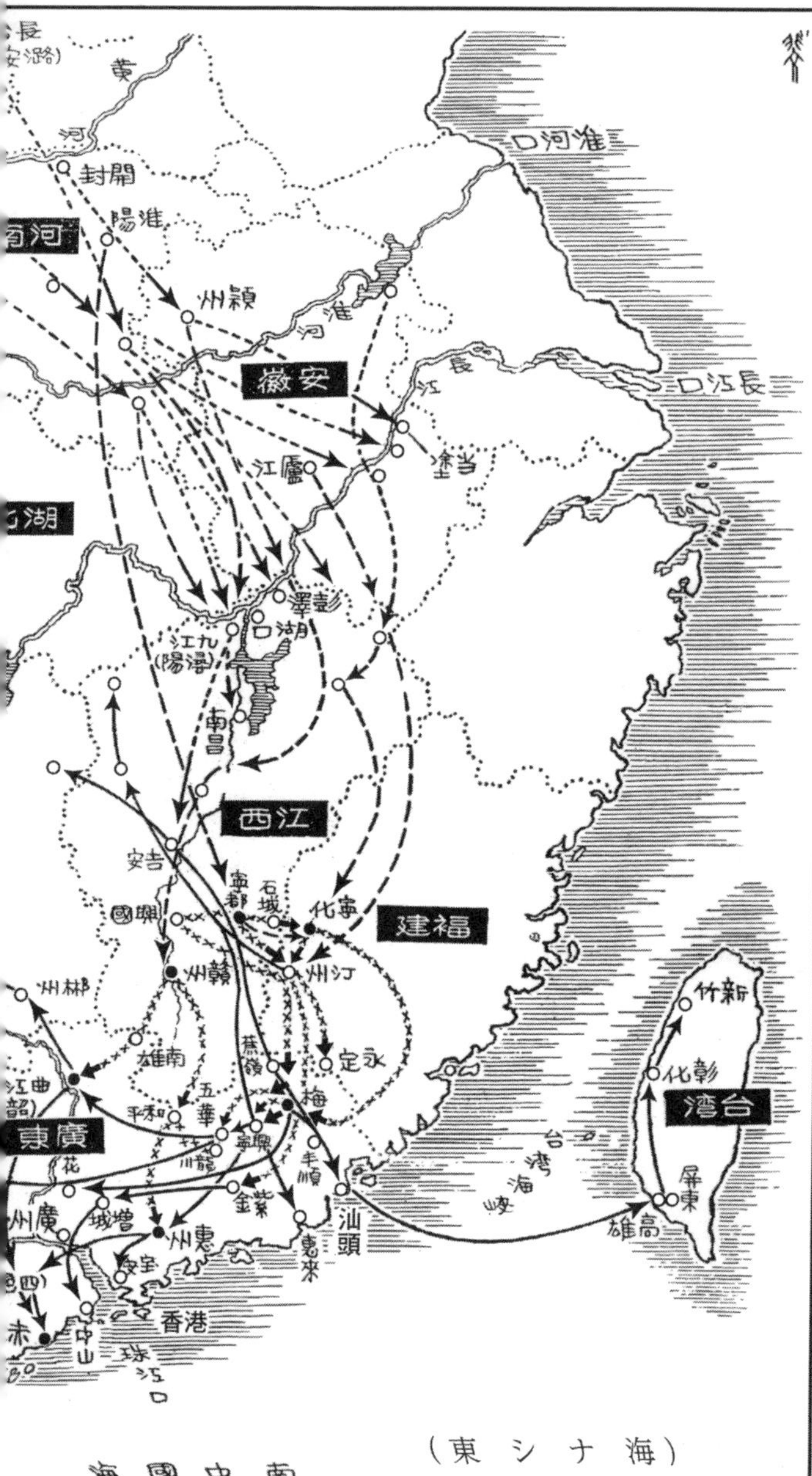

図1-1
客家遷徙路線図
羅香林による、中原からの「5次」にわたる客家の移動ルートを示したもの

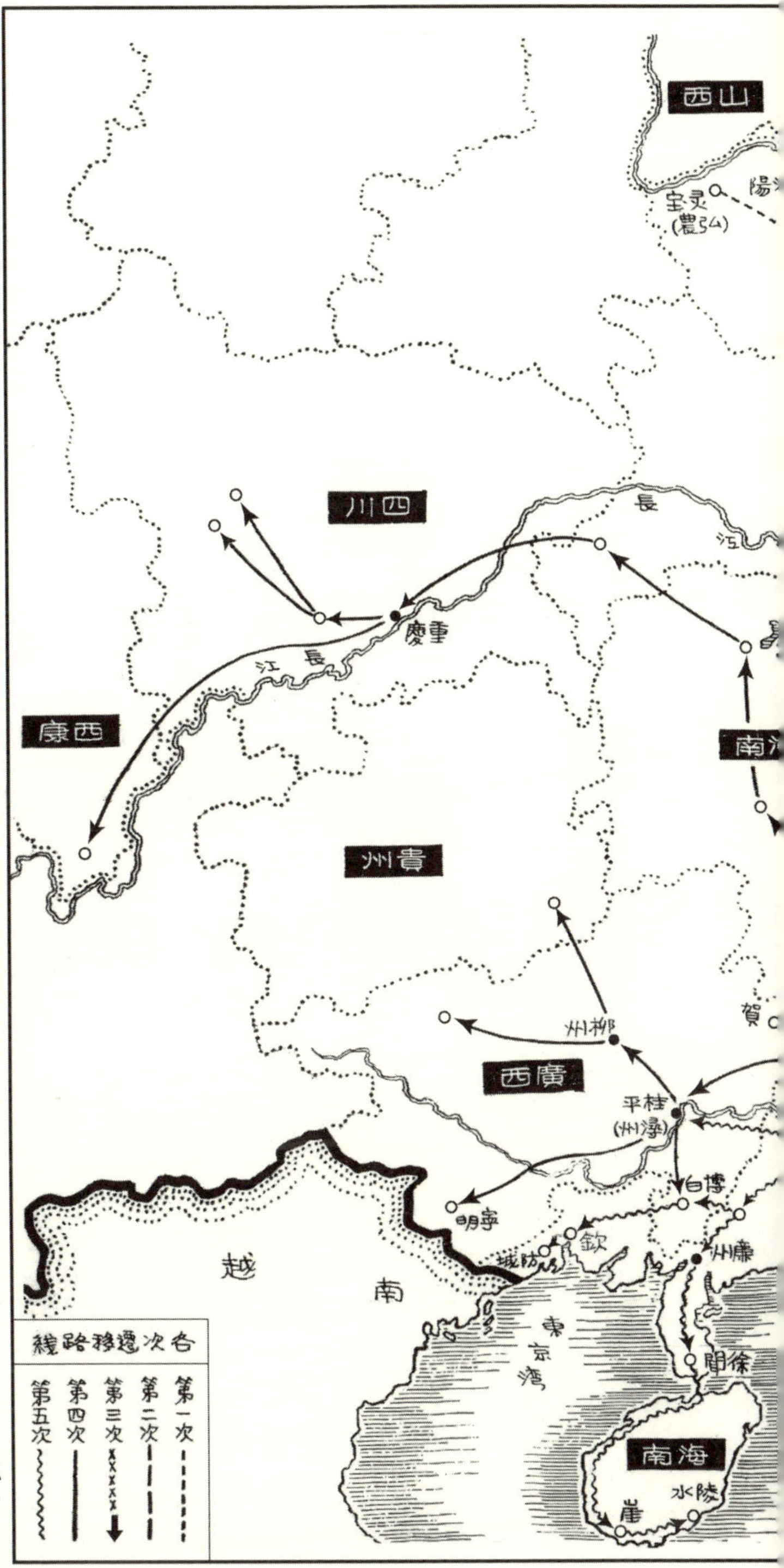

「客家源流考」
『崇正総会三十週年紀念特刊』（1950年12月）香港崇正総会編印より作成

関する基本知識となっている。ともかく家族を大事にし、なおかつ機転を利かせて戦乱の中を生き残った一部の人々が祖先なのだと客家自身が訴えるための伝説と考えると、そこには客家が他の人間からどう見られたいのかという願望が読み取れよう。

そして繰り返されるのが、客家は中国文化発祥の地である中原《ちゅうげん》（中国北部・黄河流域一帯を指す名称：古代中国王朝の所在地であった）にそのルーツを持つ正統な漢民族だというものである。これは後述するように二十世紀になっても客家が少数民族だという間違った見解が広く世間に広まっていたことへの反論でもあろう。

客家は、野蛮人か漢族か（十九世紀～二十世紀初頭までの論争）

今でこそ堂々と「中華民族の精華」と、その存在をアピールしている客家であるが二十世紀初頭まで客家という名称自体が一般的ではなく、中国の事情を知っている欧米人も含めて、客家が野蛮な未開民族であるという言説が信じられていた。

世界的に名が知られるようになった客家の親睦団体である崇正総会《すうせいそうかい》は一九二一年に設立された（➡第二十七章参照）が、そのきっかけも客家＝少数民族論に対する反論である。一九二〇年、上海商務印書館から出版されたオルコット（R.D.Wolcott）の著書『英文世界地理（*Geography of the world*）』にあった客家に関しての「野蛮な部族と遅れた人々」という叙述に客家人士が抗議したことに端を発したのが崇正総会成立のきっかけだったが[注6]、言い替えれば一九二〇年代の英文書でも客家が「未開民族」だとされていたのである。

マスコミが発達していなかった時代、客家に限らず多くの少数集団はあまり自己のアイデンティティを世に知らせるような行動はしなかった（出来なかった）。しかし十九世

（6）羅香林、『客家研究導論』上海文藝出版社（影印本　七-八頁、初版一九三三年十一月出版）を参照。

紀に西洋人（主にキリスト教宣教師）が中国や東南アジアにやってきたことで、客家の自己像にも変化が起こる。宣教師が客家を有望な宣教のターゲットと位置づけ、彼らを好意的に本国に紹介したことをきっかけに、客家も自分たち自身を正統な漢族であると公言し始めたのである。

土着起源説――中川学の懐疑から房学嘉の説まで

羅香林以来、「中原起源説」は揺るがない定説とされ、客家の大半もそのように信じている。しかし、近年こうした「中原起源説」にも疑問が投げかけられるようになっている。一九七四年、日本における客家研究の先鋒とも言える歴史学者・中川学は、まず医学的な観点からこの説に疑問を呈した。中川は、中国南部（華南）の人々は鼻の癌（上咽頭癌）の発症率が高く、特に客家の発症率が高いこと[注7]を挙げている。その根拠の一つは、客家が移動した先に（漢族も含めて）先住民がいたことから、その地域の集団に入って交じり合った、とするものである。[注8]

写真1-1-1　中原に位置する河南省開封市内の孔子廟（客家源）広場（2018年10月、河合撮影）

写真1-1-2　孔子像裏側の建物の入り口に「客家源」の文字がある。中原が客家のルーツであることを視覚的に表している（2018年10月、河合撮影）

さらに、著名な客家研究者で

（7）中川学「華南の鼻咽癌」『一橋小平学報』（第六八号、一九七四年）を参照。

ある房学嘉《ぼうがくか》は、考古学・民族学・自然人類学の知識を駆使して、客家の起源は中原ではなく、むしろ南方の土着にあるとする「土着起源説」を唱えた(注9)。房の新たな学説は、中国国内外で大きな反響を呼んだ。その後、中国史の専門家である陳支平《ちんしへい》や、福建客家研究の権威である謝重光《しゃじゅうこう》など、房学嘉の学説を支持する研究者も現れ始めた。客家が中原を起源としているという通説は、族譜(家系図)の記載に大きく依存している。だが、客家にかぎらず、族譜は必ずしも真実を映し出すわけではない(注10)。客家が中原起源なのか、土着起源なのかという論争は別として、族譜を鵜呑みにして集団の史実を知る研究方法に限界があることは確かであろう。

(8) 房学嘉『粤東客家生態与民俗研究』(華南理工大学出版社、一二一・一二三頁、二〇〇八年)を参照。

(9) 房学嘉『粤東客家生態与民俗研究』(華南理工大学出版社、八八・八九頁、二〇〇八年)を参照。

(10) 謝重光『客家源流新探』(福建教育出版社、七九・八〇頁、一九九五年)を参照。

第二章　客家の人口と分布

客家は、中国南部をはじめ世界各地に分布している。その人口数について正確な統計は存在しないが、六〇〇〇万人であるとも一億人であるとも推測されることがある。この章では、客家のおおよその分布について、図で示しながら紹介していくことにしよう。

大陸中国

①東南部

通説によると、客家は中原に起源し、山岳地帯を通って東南部に移住したといわれる。その主要な移住先は、図2-1にみるように、広東省、福建省、江西省の境界地域である。この地理的範囲にある、広東省東部の梅州《ばいしゅう》、福建省西部の龍岩《りゅうがん》と寧化《ねいか》、江西省南部の贛州《かんしゅう》は、現在、漢族住民の九〇％以上が客家で占められている（➡第三～五章参照）。世界中に住む客家は、祖先がここから移住していることがほとんどである。それゆえ、この範囲は「客家の故郷」とも呼ばれる。(注1)

中国で最も客家人口が多いのは、江西省である。ただし、広東省は、世界中に最も多くの客家を送り出している。広東省では梅州や河源《かげん》だけでなく、各地に客家が点在している。なかでも、恵州《けいしゅう》、東莞《とうかん》から香港の対岸にある宝安《ほうあん》（深圳《しんせん》および香港の前身）に至る範囲は、多くの客家が暮らすことで知られている。恵州-東莞-宝安のラインは、東江《とうこう》

（1）中国語では「客家大本営」や「客家原郷」と呼ばれている。

図2-1：大陸中国の客家分布図

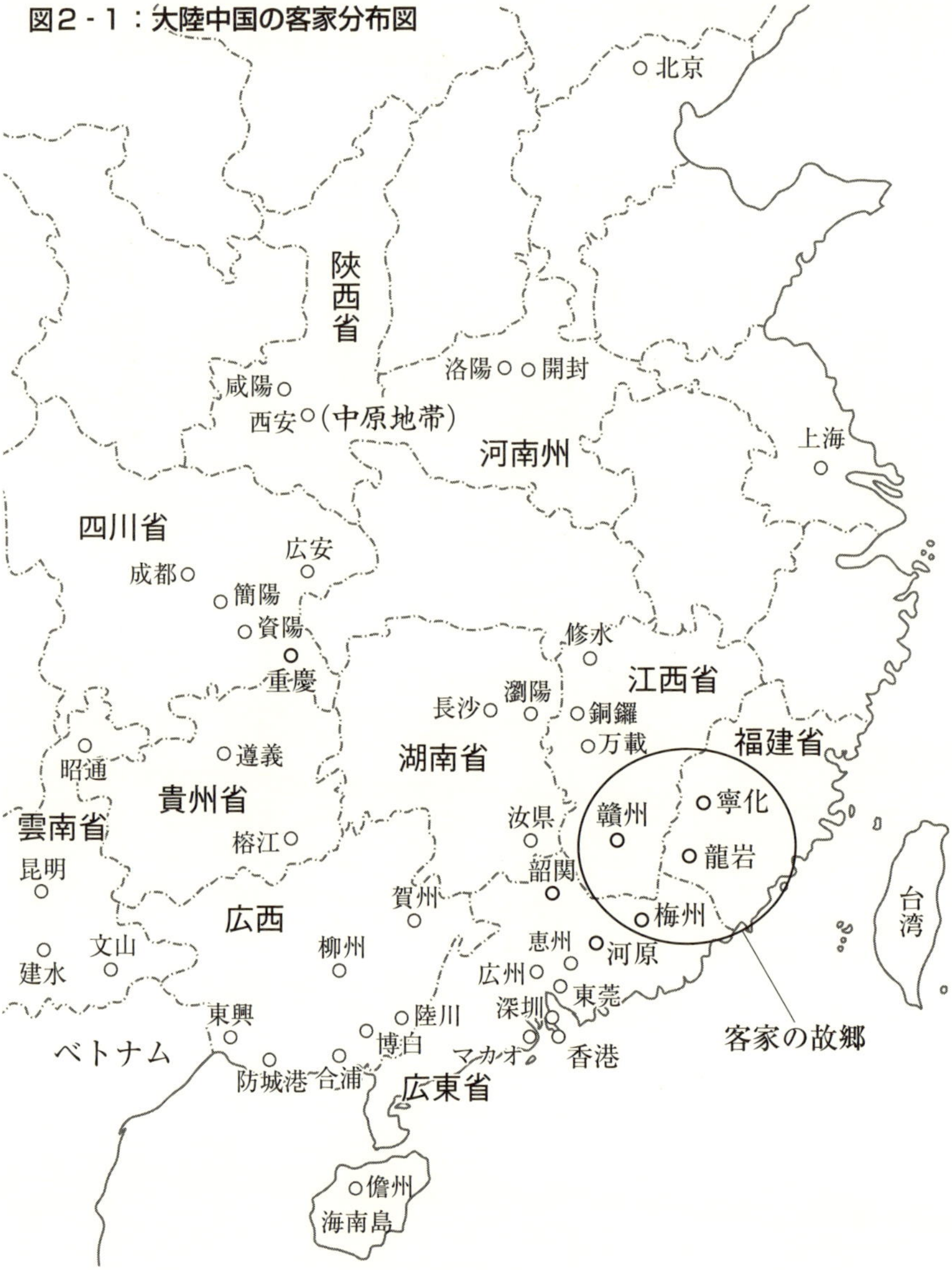

という河川の流域に位置するため、ここの客家は「東江客家」と呼ばれる。または、東南アジア諸国では、各々の頭文字をとって「恵東宝《けいとうほう》客家」と称することもある。他方で、広東北部の韶関《しょうかん》も半数以上の住民が客家で占められている。(注2)

華南地方では、韶関の北側に位置する湖南省にも客家がいる。湖南省には、九〇％の住民が客家で占められる純粋な客家地域はほとんどない。ただし、広東省や江西省との省境の近くには客家が点在しており、特に省都・長沙《ちょうさ》の東に位置する瀏陽《りゅうよう》で客家が集中している。(注3) また、省境をはさんで江西省側にある銅鑼《どら》、万載《ばんさい》、修水《しゅうすい》も客家の主要な居住地である。(注4)

②南部／西南部

大陸中国において江西省、広東省に次いで客家人口が多いのは、広西チワン族自治区（以下、各章で広西と略称）である。広西の総人口の一〇％強（約九〇〇万人）が客家であると見積もられている。広西では客家が各地に拡散しているが、相対的にみると東部や南部に多く、西部は少ない。最も客家人口の比率が高いのは、広東省に隣接する陸川《りくせん》（約六九％）と博白《はくびゃく》（約六五％）である。他にも東北部の賀州《がしゅう》、南部の防城港《ぼうじょうこう》と東興《とうきょう》も客家が集中している。(注5)

西南部の各省において最も客家が多いのは、四川省である。(注6) 四川省の客家も各地に分布しているが、省都である成都《せいと》の東側から簡陽《かんよう》、資陽《しよう》、重慶《じゅうけい》に向かうラインには、客家の居住地が集中している。なかでも、成都東郊外の龍泉驛《りゅうせんえき》区では客家人口が八〇％以上を占める村が集中している（➡第六章参照）。また、四川省では、鄧小平《とうしょうへい》の出身地である広安《こうあん》など東部にも居住するが、その反面、西部には少ない。

現状では、雲南省、貴州省、チベット自治区には、客家がほとんどいないと考えられ

(2) 省都の広州（特にその北部にある従化と増城）およびその西部にある四邑（新会、開平、恩平、台山）や鶴山にも客家が少なくない。

(3) 湖南省の東部／東南部に位置する汝城、郴県、炎陵、瀏陽、平江などでは、多くの客家が居住している。特に瀏陽では、三三ある郷鎮人口の大半が客家である。なかでも大囲山鎮は、近年「中部客家第一鎮」のスローガンを掲げている。

(4) 江西省中部の吉水県・泰和県なども客家村落が点在している。

(5) 博白に隣接する合浦（北海市の管轄）にも客家が多い。他方で、防城港の市区と東興では約五〇％、賀州の八歩区では約四〇％が、客家で占められている。その反面、西北部では客家の占める割合が三％を下回っている。

(6) 四川省の客家人口は、約三〇〇万人とされる。四川省を

ている。ただし、明清期に少なからずの贛州人が雲南省の建水《けんすい》などに移住しているなど、実際には雲南省には客家とみなされていない「隠れ客家」が一定数存在すると推測されている。(注7)また、雲南省の省都・昆明《こんめい》では、一九四九年以降に雲南へ移住した客家を中心として、一九九四年に雲南客家文化研究会が組織されている。また、貴州省には榕江《ようこう》や遵義《じゅんぎ》に客家の集落がある。(注8)

香港・マカオ・台湾

中国の特別行政区である香港とマカオにも少なからず客家が居住している。一説によると、七〇〇万人強の人口がいる香港のなかで、約一〇〇万人は客家であると推定されている。香港は、香港島、九龍半島、新界《しんかい》の三つに分かれるが、そのうち大陸中国に近い新界では、歴史的に、広東人（本地）と客家が二大勢力であった。香港初のニュータウン開発がおこなわれた新界の荃湾、客家の民俗文物館（➡第二十九章参照）がつくられている西貢など、新界には客家の村落が点在している。

また、マカオの五〇万人強の人口のうち、一〇万人強が客家であるといわれることがある。マカオでは、コロアネ島の九澳村や黒沙村などに、客家の集住地が点在している。香港とマカオには、客家としての自己意識や言語を喪失している人々もいるため、誰が客家であるのかを正確に特定することは難しい。(注9)ただし、この人口数を鵜呑みにするならば、香港やマカオではおよそ五~七人に一人は客家であるということになる。また、香港とマカオには、東南アジアから再移住した客家も多く住んでいることは、特筆に値する（➡第九章参照）。

全体的にみわたすと、客家は東部に多く西部に少ない。

（7）目下、雲南省には客家が多数を占める村落は存在しないといわれているが、昭通や文山などには梅州など東南部の客家地域から移住してきた人々が住んでいる。四川省以外の西南部では、客家がいないのではなく、まだ研究者らにより客家が「発見」されていないという可能性も考えられる。

（8）その他、海南島北部の儋州に住む人々のうち、約三〇%は客家である。

（9）香港の客家について論じた専門書として、瀬川昌久『客家』（東京：風響社、一九九三年）がある。瀬川によると、香港の客家アイデンティティは固定的でない。

図２‐２：台湾の客家分布図

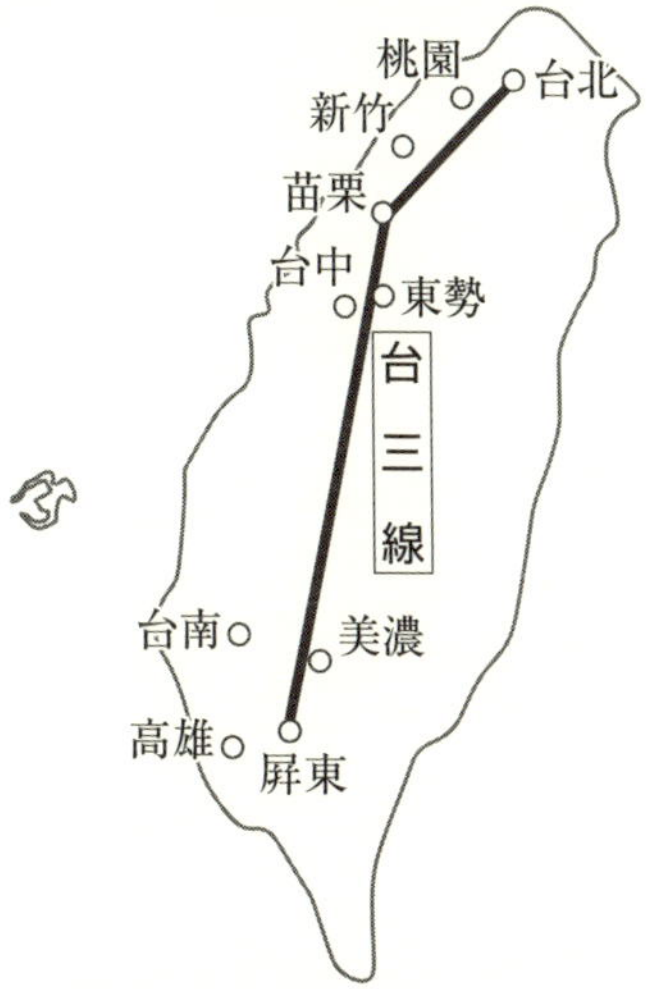

台湾でも全人口の約一五％（その割合は研究者によって偏差が大きい）は客家である。客家は、台湾の各地に分布しているが、とりわけ北部の桃園《とうえん》、新《しん》竹《ちく》、苗栗《びょうりつ》の三県に集中している。また、中部の東勢《とうせい》とその近隣の石崗郷《せきがんきょう》、および南部の屏東《へいとう》、美濃《みのう》にも客家の村落が多々ある。図２‐２にみるように、台湾の客家地域は台北から屏東にかけて南北に走る道路「台三線《たいさんせん》」の沿線に位置していることが分かる（⬇第七章参照）。近年は、国際結婚などを通し、東南アジアからも客家（特に女性）が移住している。

華僑華人社会

客家は、中国から世界各地に移住している。いま世界各地に住む客家の絶対的多数は、十八世紀以降、特に十九世紀後半以降に、貧困、災害、戦争、もしくは留学、就業、国際結婚などの要因により移住している。

表２‐１（注10）をみると明らかであるように、客家の移住先として圧倒的に多いのは、東南アジア諸国である。なかでも、インドネシアの客家人口は最も多く、マレーシア、タイ、シンガポールがそれに次いでいる。この表の数値によると、海外の客家人口の約八〇％がこれら四カ国で占められている。東南アジア諸国の客家の詳細は第八章で述べる。

（10）羅英祥著『飄洋過海的客家人』（河南大学出版社、一九九四年）の二五‐二九頁を参照した。ただし、この本の出版は約二十年以上前であることに加え、根拠の薄いデータも含まれている。したがって、表２‐１にみる客家人口は、必ずしも正確であるとは限らないので注意が必要である。

表２‐１：世界各地における客家の主な分布と人口数

国　家	国家人口	華僑華人人口	客家人口	客家比率
インドネシア	1.47億	600万	120万	20%
マレーシア	1342万	453万	100万	22%
タイ	4945万	450万	60万	13%
シンガポール	247万	192万	50万	26%
ベトナム	5620万	200万	5万	2.5%
ミャンマー	3531万	70万	2.7万	4%
ブルネイ	22万	10万	0.8万	8%
インド	7.1億	13.55万	2.2万	16%
日本	1,196億	7.9万	1万	13%
カナダ	2500万	45万	4.5万	10%
アメリカ合衆国	2.33億	150万	10万	6%
キューバ	972万	2.5万	0.8万	32%
ジャマイカ	226万	20万	10万	50%
ペルー	1879万	40万	15万	38%
タヒチ	9万	1万	0.85万	85%
オーストラリア	1522万	16万	1.1万	7%
モーリシャス	100万	3万	2.5万	75%
レユニオン	64万	2.5万	1.3万	52%
南アフリカ	2950万	1.6万	1.5万	94%
イギリス	5567万	15万	3.5万	23%
フランス	5426万	11万	1万	9%

＊客家比率とは、当該国の華僑人口における客家の占める割合を指す
出典：羅英祥『飄洋過海的客家人』（1994）に基づき河合作成

東南アジアに比べると、他の諸国の客家人口は格段に少ない。表２‐１では、アジアで客家人口が一万人を越えているのはインドと日本しかない。インドでは、コルカタ（旧名・カルカッタ）などを中心に、皮なめし職人などの身分で生計を立てる客家が一定

図2-3　環太平洋地図

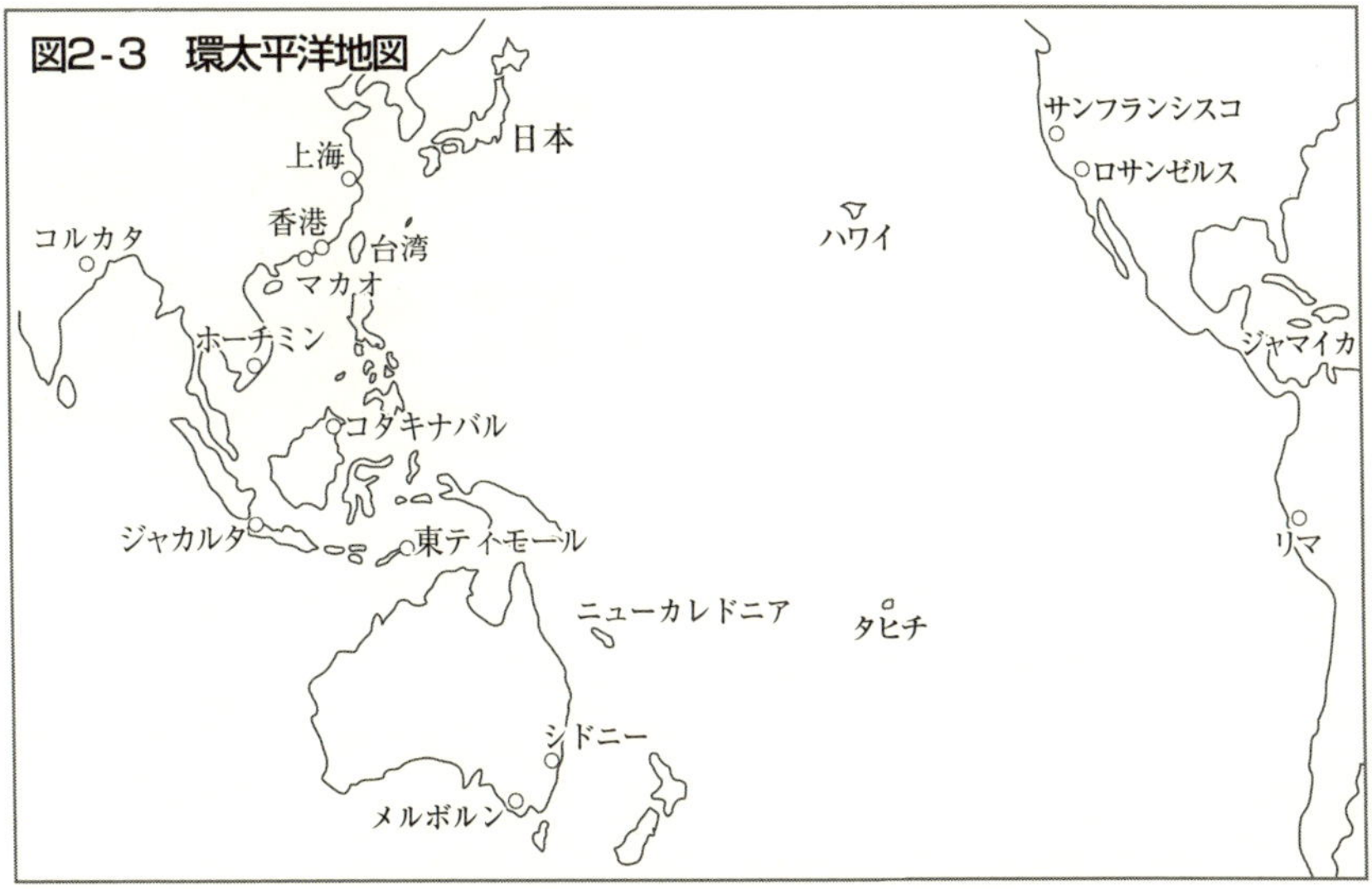

数いた。(注11) ただし、近年では、インドの客家はカナダなどの第三国に次々と再移住している。日本については第十章で述べる。

人口数からみると、東アジアの次に客家が多く移住しているのは、アメリカ大陸である。特に中南米の華僑華人のなかには、客家が少なくない。中南米の客家は、大多数が広東省中部をルーツとしている。例えば、ジャマイカ、スリナム、ガイアナの客家の多くは香港に近い恵州、東莞、深圳、ペルーの客家の多くはマカオに近い中山、鶴山の出身である。中南米で最も客家人口が多いと推測されるのはペルーである。同国の首都・リマ旧市街地には、客家が集まる廟（関帝・北帝を祀る）として同陞《どうしょう》会館がある（写真2-1）。

(11) インドの華僑華人社会では、広府人、湖北人、そして客家が三大集団であり、各々の職業が異なる。広府人は大工、湖北人は歯医者を主要な職業とするのに対し、客家は小店舗の経営、特に皮なめし職人として働くケースが多い。

写真２‐１　リマの同陞会館。19世紀末に建てられ、客家の信仰を集めている（2017年3月、河合撮影）

さらに近年、中南米の客家は次々と北米に移住している。[注12] 北米の華僑華人社会では客家が占める割合は高くないものの、さまざまな国から移住／再移住した客家が住む、「客家のるつぼ」と化している。こうした状況は、オーストラリアも同様である。オーストラリアでは、早期に移住した広東省出身の客家だけでなく、香港、台湾、そして戦争や内紛の影響でベトナム、カンボジア、東ティモールからも数多くの客家が移入した（⬇第九章参照）。メルボルンやシドニーなどでは、ルーツの異なる複数の客家団体が結成されるようになっている。

注目に値するのは、オセアニアのなかではタヒチで客家の占める割合が高いことである（⬇コラム③参照）。ニューカレドニアにも一九六〇年前後よりタヒチ、ベトナム、中国広東省などから移住した客家が一定数いる。他方で、アフリカ南部、特にモーリシャス、レユニオン、南アフリカにも客家が集中している。[注13] 近年では、留学や仕事でヨーロッパでも客家人口が増えており、各地で客家団体が形成されるようになった。このように客家は、現在でもグローバル化の波にのり、世界各地に移住し続けている。

(12) 今や客家は、アメリカ合衆国の西海岸だけでなく各地に分布している。特に、サンフランシスコ、ロサンゼルス、ヒューストン、ニューヨークなど華僑華人人口の多い大都市では、複数の系統の客家団体が組織されている。

(13) モーリシャスの客家については、夏遠鳴「毛里求斯客家人史略」（『客家研究輯刊』四十期、二〇一二年）に詳しい。管見の限り、レユニオンや南アフリカの客家をめぐる系統的な研究はみあたらない。

第三章　世界客都　梅州（梅県）

梅州《ばいしゅう》は、広東省東北部に位置する行政エリアである。広州からバスに乗ると四～五時間で着く。梅州には空港もあり、香港と広州から飛行機でアクセスすることもできる。梅州は、広東省の山岳地帯にある一地方であるにもかかわらず、どこか国際的なイメージが抱かれがちである。ここは客家が居住し、世界各地に客家華僑を送り出してきた地として知られているからである。二〇一五年の統計によると、梅州の人口は約五二九五万人であり、その九八％以上が客家で占められている。また、梅州の客家は、香港、マカオ、台湾および世界六三カ国に移住しており、そのうち、インドネシアには約六五万人、タイには約六三万人、マレーシアには約三八万人いるという。（注1）このように、梅州は、世界各地に住む客家の出身地であることから、「世界客都」（世界の客家の都）と呼ばれることもある。

梅州・梅県《ばいけん》・嘉応州《かおうしゅう》

梅州は、梅県、または嘉応州などの名称で呼ばれている。

梅州がはじめて設置されたのは宋の開宝四年（九七一）である。（注2）明の洪武二年（一三六九）には程郷県と名が改められ、潮州府に属した。そして、清の雍正《ようぜい》十一年（一七三三）に嘉応州の管轄となり、さらに清末の宣統《せんとう》三年（一九一一）に梅州の名称に戻された。

（1）梅州市華僑志編輯委員会『梅州市華僑志』（星光印刷有限公司、二〇〇一年）を参照。

（2）「梅州」という名は、古くより梅の花が咲く地であったことが由来であるといわれる。唐から宋の時代にかけて都市部を流れる梅江は「梅渓」と呼ばれており、かつて詩人がその美しさを詠んだ。ただし、明代から清代にかけて人口が増えたことにより、梅の木が伐採され、その数が減少した。

図3-1：梅州地図（河合作成）

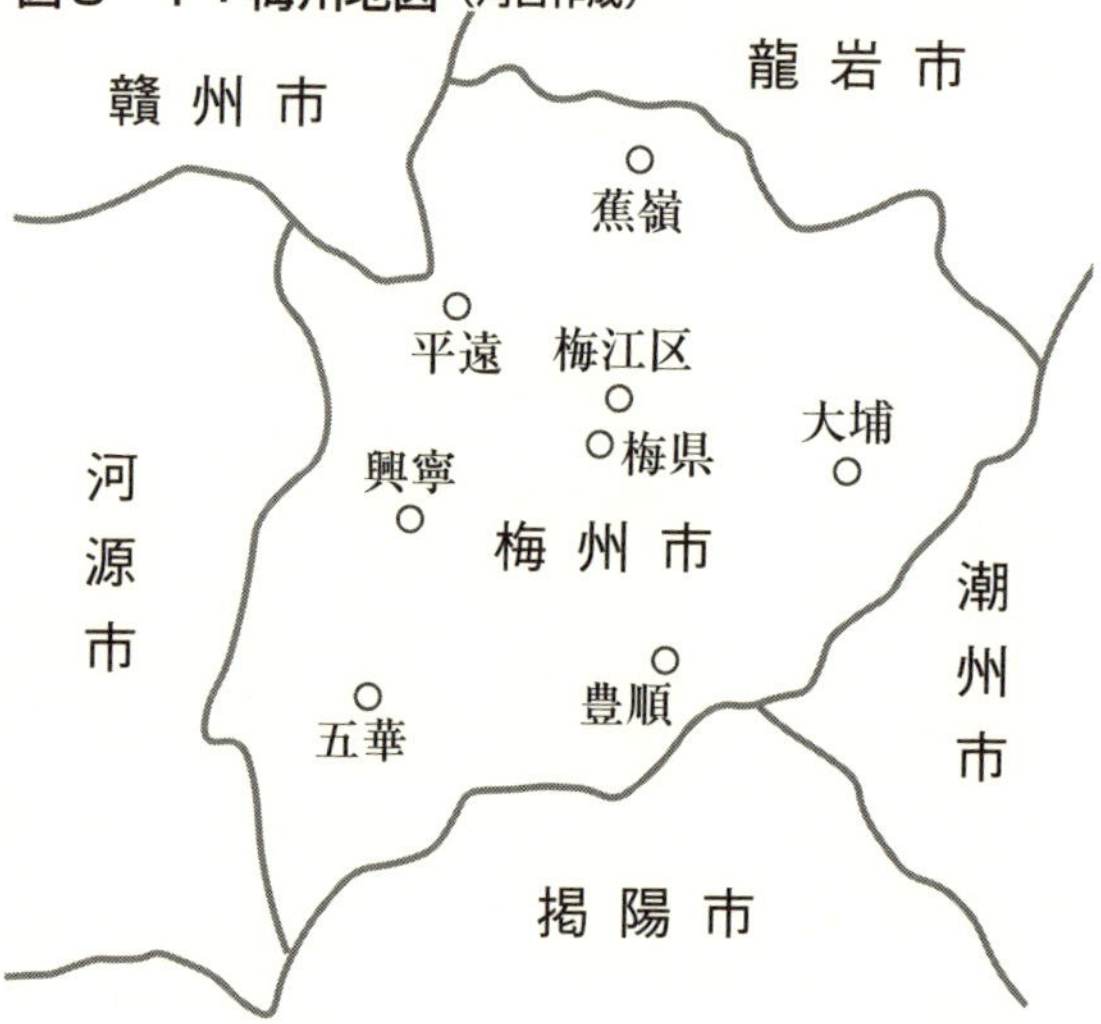

だが、民国三年（一九一四）には梅州が梅県と改名され、一九八八年まで続くことになる。一九八八年には再び梅県から梅州と改名され今に続くが、梅県という名称に親しんできた人々が少なくないため、両者が互換的に使われることがある。

ただし、行政区画からいうと、現在、梅州と梅県とは異なっている。図3-1にみるように、梅州は、行政単位としては市であり、梅江《ばいこう》区、梅県区、蕉嶺《しょうれい》県、平遠《へいえん》県、五華県、大埔《たいほ》県、豊順《ほうじゅん》県、興寧《こうねい》（県級市）を管轄している。つまり、行政上、現在の梅県は梅州というエリアのなかの一つの行政区にすぎない。梅州において、都市の中心部は梅江区であり、梅県区は都市郊外の町・村落としての機能をもつ。（注3）

文化的景観

一九七八年の改革開放政策以降、華僑が頻繁に戻るようになり、道路、橋、学校などの建設において多額の寄付がなされた。梅州では、華僑の名前を冠した建物がいくつも

（3）近年、急速な都市化により、梅江区と隣接する梅県新城など、一部の地域で開発が進められている。梅県新城では、客家文化をテーマとして開発が進められてきた。

ある。さらに、二十一世紀に入ると、中国経済の発展に伴って、特に都市部とその郊外で高層のビルやマンションが次々と建設されるようになった。近年は、車の量も増え、十数年前にはほとんどみられなかった渋滞も日常的な光景となっている。だが、その一方で、都市部であっても、囲龍屋《いりゅうおく》（➡第十七章参照）などの伝統的な住宅が数多く残されている。他方、村落部では伝統的な住宅が点在するとともに、主要な作物である米、柚子〈ユーズ〉、茶、タバコなどをつくる田や畑が広がっており、美しい景観をなしている。

注目に値するのは、一九九〇年代後半以降、華僑や観光客が思い浮かべる「客家の故郷」の景観が建設されてきたことである。例えば、梅江区や梅県区では、もともと地元になかった円形土楼（➡第十六章参照）を模した建築物（博物館、体育館、レストラン、マンションなど）が次々と建てられるようになった。[注4] そして、円形土楼型の建築物のもとで、客家文化の特徴としてイメージされがちな客家料理（➡第十五章参照）や客家山歌（➡第二十一章参照）が提供されるようになっている。さらに最近では、これまで取り壊しの対象であった囲龍屋が、[注5] 梅州の客家文化を表す特色として見直され、観光の資源として使われ始めていることである。

写真３－１　梅州市内の街並（2010年7月、河合撮影）

その他、梅州の人々は、さまざまな神を信じている。とりわけ、土地をはじめとする自然神への信仰が厚く、いたるところで土地伯公など「伯公《はくこう》」〈バッゴン〉（➡第二十章参照）の小さな祠を見ることができる。梅州

（４）円形土楼型の建築物は、市内の公共施設のほか、雁南飛リゾート村、泮坑リゾート区、客天下リゾート観光区などの観光地でも建造されている。ただし、梅江区や梅県では歴史的な円形土楼が存在してこなかった。梅州では、福建省永定県に近い大埔県の花萼楼など、円形土楼は一握りしかない。蕉嶺県の石塞には方形土楼がある。

（５）この状況については、周建新『動蕩的囲龍屋――一個客家宗族的城市化遭遇与文化抗争』（北京：中国社会科学出版社、二〇〇六年）に詳しい。

には仏教寺院も少なくない。なかでも、都市郊外にある千佛塔《せんふっとう》(6)は、梅州の景観を彩るシンボルの一つとなっている。

「多元」な客家の故郷

特に十九世紀以降、梅州の多くの人々が海外に移住した。彼らは、海外に移住しても梅州のことを忘れず、親戚と密な連絡をとったり、送金したりしてきた。また、二十世紀前半まで、個人が梅州と海外とを往来することも珍しくはなかった。それゆえ、梅州では海外の文化が入り込み、洋風の建築など、いわゆる客家文化や中国文化だけではない要素も混合するようになった。インドネシアの華僑が戻って建てた梅県白宮鎮の聯芳《れんほう》楼《ろう》は、その代表的な例である（写真3-2）。

写真3-2　聯芳楼の外観（2010年7月、河合撮影）

さらに、梅州には、戦中や戦後に東南アジアなどから戻ってきた帰国華僑も住む。彼らの一部は、親戚を頼り父方の宗族（➡第十一章参照）に直接戻ることもある。もしくは、華人排斥運動（➡第八章参照）の影響で国を追われて戻ってきた者のなかには、まず華僑農場(注7)で落ち着き、それから都市部に出ることもある。梅州では、客家語や中国語だけでなく、インドネシア語やマレーシア語（マレー語）が飛び交うことも珍しくない。梅州の高齢者のなかには、カレーやガドガド、チリソース、インドネシアコーヒーの材料を香港など

(6) 千佛塔は、後漢の九六五年に建てられた仏教寺院であり、尼僧が在住している。梅州のシンボルでもある高い塔のほか、マニ車が境内にあるなどチベット仏教とのつながりもみてとれる。

(7) 広東省蕉嶺県に華僑農場があり、インドネシアやマレーシアなどから帰国した華僑が住んでいる。

(8) その他、インドネシアから服を持参し、家庭内で時々着ることもある。

で仕入れ、食べることもある。[注8] 梅州は往々にして客家、すなわち「漢族」や「中国」の枠組みから考えられがちであるが、実際には、多元な文化が混じる地域なのである。[注9]

日本との関係

日本ではあまり知られていないが、梅州は日本とも深いつながりがある。とりわけ清末から民国期の間、梅州から少なからずの人々が日本に渡った。梅州に行くと、祖先が仕事や留学で日本に滞在していたという話をしばしば聞くことができる。なかでも最も有名なのが何如璋《かじょしょう》と黄遵憲《こうじゅんけん》である。何如璋は、大埔県の出身であり、清朝の在日駐在大使として一八七七年に日本へ赴任した。この時、参賛（書記官）として一緒に赴任したのが黄遵憲であった。黄遵憲は中国における最初の体系的な日本研究の本である『日本国誌』を著したことで知られる。[注10]

他にも、民国期に日本へ留学し、帰国後、中国や梅州の近代化をリードした人々も大勢いた。近代中国恋愛小説の旗手である張資平もその一人である。梅州にある嘉応大学の近くには張資平の故居（旧宅）がある。この宗族には、張資平のほか、仕事や留学で日本に渡った祖先が三人おり、そのうち一部の子孫は日本にとどまっている。こうした事例は梅州では珍しくない。さらに、改革開放政策以降、仕事や国際結婚などの理由で日本に移住する人々も現れるようになっている。梅州は、日中関係史を知るうえでも重要な地域である。

（9）他方で、見落とすことができないのは、梅州に住む土着の漢族の一〇〇%が客家ではないということである。とりわけ豊順県と梅江区には、潮州人が少なくない。梅州はかつて潮州府の一部であったため、清代には潮州人が梅州に移住した。都市部では、梅江区の楽善堂を中心に潮州人のコミュニティを形成している。

（10）『日本国誌』は、明治維新後の日本の諸制度についての説明に多くが割かれている。日本の歴史や風俗・習慣についての記述もある。彼の日本研究は現在の中国人の日本観につながっているところもある。中国における「日本民族誌」の先駆であるといえるかもしれない。なお、黄遵憲が書いた『日本雑事記』は日本語に翻訳されている。

第四章　客家祖地　寧化・石壁

客家はかつて中華文明の栄えた「中原」に居住していたが、異民族の侵入により南へ南へと逃れることを余儀なくされた人々である、と一般的に語られる。しかし客家だけでなく、中国東南部における閩南人、潮州人、広東人と呼ばれる人々も同じような歴史をもっている。たとえば一族の来歴を記した族譜[注1]を紐解くと、彼らの祖先もまたかつて中原から南方へと移住してきた記録があることが多い。では客家は客家以外の民系[注2]と何が違うのであろうか。何をもって客家は別の民系と自らを分けているのであろうか。

客家民系を考える上で重要な「経由地」

客家が他の民系と異なると主張する特徴は多々あるが、なかでも客家アイデンティティの根幹にかかわる重要なものとして「経由地」の存在がある。つまり、どのような経路をたどって「客家の故郷」である中国東南部へと移住してきたかという問題である。客家の祖先たちは中原から南方へと戦火を逃れて移動する際に、いくつかの経由地をたどってきたとされる。そのなかで、もっとも重要だと認識されているのが寧化《ねいか》・石壁《せきへき》という場所である。

寧化・石壁は時に客家の「聖地」と呼ばれることもあり、この地を経由してきた祖先が奇跡的に難を逃れたため、子孫が生き永らえたと語られている。かつて客家の祖先た

（1）族譜とは一族の系譜が記録されている書物のことである。日本における家系図と似ているが、家系図にはその「家」を継承する者たちを中心に記載がなされるのに対し、族譜は傍系（具体的には父方の従兄弟やオジ）を含め「氏」に含まれるすべての成員を記載する。

（2）客家のみならず、閩南系、潮州系、広東系はすべて「民系」と呼ばれ、民族とは区別される。公的に中国社会は五五の少数民族と漢民族で構成されているが、漢民族のなかのさまざまな下位集団（サブ・エスニックグループ）を民系と称している。

写真４‐１　客家祖地での大祭の様子（2009年10月、小林撮影）

ちは黄河流域から南へ移動した後、まず江西省贛州《かんしゅう》の地に至り、そして贛州の地から福建省の寧化・石壁へと移動したと考えられている。(注3)

葛藤坑《かっとうこう》の物語

客家が寧化・石壁を重要な経由地と位置付ける背景には、「史実」としての族譜の記録、そして客家社会に伝わるある昔話の存在がある。それは「葛藤坑」の物語で、客家の祖先が命からがら黄巣《こうそう》の乱の野盗から逃れる様子が語られる。(注4) この物語は客家の苦難の歴史の象徴となっており、これを語りつぐことによって客家という集団の歴史が共有されているといえよう。物語は次のようなものである。

（3）贛州からの移住経路に関しては、謝重光の「古代由贛入閩的主要路径」『寧化石壁与客家世界　学術研討会論文集』（北京：中国華僑出版社、一九九八年）などを参照のこと。

（4）客家の「祖先」は何度か南遷したと言われるが、葛藤坑の物語は唐代末、黄巣の乱の時期の話であるとされる。黄巣の乱は唐末（九世紀後半）、農民・民衆の政治不信、社会不安を背景に、黄巣という人物が中心となって起きた反乱で、山東省に端を発し、中国全土に及んだ。

唐代末、中原一帯は黄巣の乱により荒れ果て、人々は中原から別の場所へと逃げざるをえなくなった。客家の祖先もまた、この時代に南方へと移住してきた。

黄巣の一味の野盗が寧化・石壁の地まで辿りついたころ、ちょうど二人の子どもを連れた女が安全な場所を求め逃げ歩いているところに出くわした。野盗はその女が、大きい男の子を背中に負い、小さい男の子を歩かせているのを見て不思議に思い、なぜそのようなことをするのかと女に尋ねた。すると女は相手が黄巣の乱の者とは知らずに答えた。「この大きい子どもは私の兄の子どもです。父母と兄が亡くなった今、もしこの子に危害が及べば父兄（女性の父方）の系譜は途絶えてしまいます。そのため、まず兄の子を守るために背負っています。小さい子は私自身の息子です」と。

野盗はこの女の道徳的な振舞い(注5)にいたく感動し、「あなたが村に帰ったら、家の門のところに葛藤《ツヅラフジ》の葉を掲げなさい、黄巣の連中は決してあなたたちに危害を加えないでしょう」と言った。女は村に戻るとこの話を村人全員に話し、村人たちは村の入り口、家々の門に葛藤を掲げた。そのためこの村は黄巣の乱の被害を受けることのない安全な場所になったという。

まさにこの「葛藤坑」の物語の舞台となったのが、寧化・石壁の地であるとされ、この葛藤を掲げることで助かった人々こそが客家の祖先であると語られる。この風習はだいぶ廃れたが未だに一部の寧化県の客家村落では残っており、端午の節句の頃、葛あるいは桃の葉などを家の玄関先に掲げる慣習がある。

写真４‐２　「客家魂」の石碑（2014年2月、小林撮影）

（5）漢族および客家は父系観念が強い社会集団である。一般的に女性は婚姻後も姓を変えることはない。この事例の話は、女性と同じ姓をもつ父兄の系譜が途絶えることを危惧しての行為で、夫側の姓は父兄の姓ほど危機に瀕した状態ではないことがうかがえる。

客家「聖地」としての現在

寧化・石壁は福建省三明《さんめい》市寧化県に位置している。一九九五年に「客家祖地」（写真4-1）として再建されて以来、さまざまなイベントを介して国内外の客家が集結してきた。一二〇以上の客家の氏族が祀られた祭壇へと続く道には、「客家魂」と書かれた石碑（写真4-2）も建てられており、客家ナショナリズムを高揚させる演出が至るところに施されている。

客家の南遷は、西晋の頃(注6)から始まるとされるが、寧化・石壁の地が現在のような「聖地」となったのは一九九〇年代に入ってからである。東南アジア各地の客家系組織、現地福建省三明市の協力体制のもと、一九九五年に同地は客家祖地として整備された。なかでもこの事業に大きく貢献したのが、マレーシアの客家華僑、姚美良《ようめいりょう》である。同氏は寧化・石壁を客家の「聖地」と考えており、一九九五年の式典においては同地を世界の三大宗教（仏教、イスラーム、キリスト教）に匹敵する、客家の「聖地」だと宣言している。(注7)

二〇〇〇年代以降も客家祖地は大きく整備、改修が進んでいる。北京の紫禁城を思わせる広大な広場、客家祖地文史陳列館という客家の文化と歴史を学ぶ施設、「葛藤坑の物語」に登場する「葛藤村」を客家祖地内に新たに創り出すなど「聖地」としての整備が進められている。また客家祖地の近隣には、巨大なイベント施設である世界客家文化交流センター、そして住宅・観光・商業を合わせた複合施設である世界客家祖地文化園の建設計画が進められている。

（6）客家研究のパイオニアである羅香林は、族譜史料などを精査するなかで客家の南遷を五度に大別した。これを史実と見なすかどうかの議論は別として、基本的にどの博物館、資料館においてもこの移住史が採用され、大々的に展示されている。

（7）この詳しい演説内容に関しては『客家楷模　紀念姚美良先生逝世十周年專輯』（三明：福建三明市客家聯誼会、二〇〇九年）などを参照のこと。

第五章　客家のゆりかご　贛州

贛州《かんしゅう》は、江西省の南部に位置する行政区である。江西省の別名が「贛《かん》」であるため、このエリアは贛南《かんなん》とも呼ばれる。江西省の行政市のなかでは最大の面積を誇り、都市部は同省の副都心としての機能をもつ。上海や広州などから飛行機でアクセスすることができる。

二〇一五年の統計によると、贛州の人口は約九六〇万人であり、その絶対的多数（九〇%以上）が客家であるとされる。(注1)江西省は、中国で最も多くの客家がいる省であるが、その大半は贛州に住んでいる。第一章でみたように、中原から南下した客家の祖先はまず贛州にたどり着き、そこから福建省や広東省に移住した。贛州は、中原漢族が客家として形成された最初の地であるという意味で、「客家のゆりかご」とも呼ばれている。

写真５－１　宋城の城壁跡（2009年4月、河合撮影）

宋城《そうじょう》贛州、紅色贛州

今の贛州の地は、秦代に九江郡に属しており、隋代に虔州《けいしゅう》と名づけられた。さらに、宋の紹興二十三年（一一五三）、この地を流れる章川と貢川にちなんで

（1）一説によると、贛州の客家人口は九五%を超える。外来人口を除く土着の贛州人のほぼ全員が、客家であるといえる。西南官話を主要な言語とする都市部と信豊県の一部地域の人々を客家とみなすか否かにより、この数値は変動する。本書第三十章で触れるように、「誰が客家か」という基準は一様ではない。

「贛」と命名された。

　贛州は、南端の山脈（大庚嶺）を隔てて広東省と隣接している。唐代に宰相・張九《ちょうきゅう》齢《れい》により江西省と広東省が結ぶ道が開通したことにより、贛州の中心部から贛江《かんこう》を下り、珠江に至る運輸ルートがつくられた。さらに、贛州から送られた物資は、海外に売られることもあった。それにより、贛州は栄え、宋代には城が築かれるようになった。特に清末のアヘン戦争で中国における対外貿易港が広州だけに限定されると、贛州の経済は急速に発展した。他方で、民国期になると、贛州は共産党革命の本拠地の一つとなり、

図5-1：贛州地図（河合作成）

中華ソビエト共和国の臨時政府が置かれた。とりわけ共産党軍（紅軍）が一九三四年から一九三六年まで徒歩で移動した有名な長征は、贛州東部の瑞金を出発点としている。
　こうした事実は、紅軍に客家が多く参加し、今でも政界や軍事関係の領域に客家が多いという言説を生み出す、一つの理由になっている。（注2）
　現在、贛州は、三つの区（章貢、章江新区、贛州経済技

（2）一九三九年から一九四五年まで、蒋介石の息子である蒋経国も国民党政府の官吏として滞在した。

術開発区）と一七の県（贛県、南康、于都、会昌、信豊、安遠、尋烏、定南、龍南、全南、大余、崇義、上猶、寧都、興国、石城、瑞金）を管轄している。そのうち、都市中心部は章貢区である。ここには宋代に建設された城の跡（城壁など）が今も残されており、市内観光のスポットとなっている。そして、瑞金をはじめとする各県には共産党革命に関する史跡があり、革命観光（レッド・ツーリズム：中国では「紅色旅遊」と呼ぶ）の対象となっている。

言語・文化・景観

贛州は客家の主要な居住地であるが、その言語や文化は梅州や寧化と大きく異なっている。例えば、一般的に贛州の客家語は梅州のそれと意志疎通を図ることが困難であるし、贛州の料理は梅州のそれと比べるとはるかに辛い。建築も異なっており、贛州の客家建築として有名なのは、囲屋である。囲屋は、一見して方形土楼に似た「囲い込み式」の伝統住宅であるが、一般的に内部は囲龍屋のように複数の家屋（庁）がある。(注3)

写真5-2　贛州市内の客家鼎（2009年4月、河合撮影）

さらに注目に値するのは、贛州の大部分の人々は、改革開放政策が始まる一九七〇年代まで、自身が客家であるという意識をもっていなかったことである。贛州で客家意識が広まったのは一九九〇年代のことである。(注4) 特に、二〇〇四年に贛州で第十九回世界客家大会が開催されることが決まると、その前後に客家の特色を売りにした文化的景観が建設されるようになった。その

（3）贛州で最も有名な囲屋の一つは、龍南県にある関西囲屋である。現在、囲屋は、贛州さらには江西省の客家を代表する景観としてしばしば宣伝されている。囲屋の詳細については、茂木計一郎・片山和俊（著）・木寺安彦（写真）『客家民居の世界――孫文・鄧小平のルーツここにあり』（東京：風土社、二〇〇八年）を参照のこと。なお、囲屋は、南部に位置する三南（龍南、定南、全南）に集中しており、市内や贛県でよく見られるのは「三間屋」と呼ばれる平屋である。三間屋が客家の特色として表象されることは少ない。

（4）筆者（河合）が二〇〇四年十一月に贛州を訪れた時「自分は客家ではない」と否定する人々がまだいた。

うち、贛州のシンボルの一つとして建設されたのが、客家鼎である。(注5) この鼎の三本の脚のうち、一本は広東省東部、一本は福建省西部、一本は江西省南部の贛州を表しており、贛州が主要な客家地域の一つであることを示している（写真5-2）。

さらに、二〇〇四年十月には、贛県で客家文化城が建設された。その目玉となっているのが、客家宗祠《そうし》である。ここには客家の各姓の位牌が並べられており、世界の客家が祖先を参拝できるよう工夫されている。(注6) また、贛州は、有名な風水師であり江西学派の創始者である楊筠松《よういんしょう》が、中原から移住してきた地としても知られる。それゆえ、近年は、楊筠松を客家であるとし、風水と客家文化とを結合させたリゾート開発を進めている（➡第十九章参照）。これらは、今では贛州の代表的な文化的景観となっている。(注7)

（5）客家鼎は、都市部の章江と貢江が交叉する地点に二〇〇四年八月に建てられた。鼎の高さは五m、直径は四m余りである。

（6）梅州や龍岩に比べると、贛州から海外に直接渡った華僑は少ない。だが、贛州は、客家が南方に移住した際の通過点である。それゆえ、ルーツを求めてやってきた客家華僑が参拝できる場所として、客家宗祠がつくられている。

（7）その他、客家文化を利用して創られた観光地として、五龍客家風情園などがある。

第六章　中国西部客家第一鎮　洛帯

四川省の成都《せいと》にも客家がいると言うと、四川研究者にすら驚かれることが少なくない。「成都のどこら辺に客家がいるのですか」と聞かれることもある。成都の住民の絶対的多数は、西南官話を主要な言語とする漢族である。しかし、成都には客家の村落も存在する。そのうち、第二章でも示したように、最も客家が集中しているのは、東郊外の龍泉驛区《りゅうせんえき》である、この一帯は、通称「東山」と呼ばれる。その他、少数ではあるが、成都には客家の村落が点在している。(注1) そのうち、客家の町として最も知られているのは「東山」にある洛帯《らくたい》鎮である。洛帯では近年、客家をテーマとする観光開発が推進されており、今では「中国西部客家第一鎮」と呼ばれている。

観光開発と景観建設

洛帯は、成都の中心部から東に一〇kmほど離れた所にある。洛帯には二万人強の人口がおり、その約八五%が客家である。だが、贛州《かんしゅう》と同じく、改革開放政策が始まるまで、洛帯の大半の人々には客家としての自己意識がなかった。彼らは、客家語として現在認定されている言語を話すが、多くが広東から移住していたため「広東人」と名乗っていた。興味深いことに、贛州など他の省から移住してきた人々も「広東人」を自称してきた。

(1) 東山だけに限定すると、客家は、住民の大半を占めるマジョリティである。特に十陵鎮、義和鎮、西平鎮、黄土鎮、文安鎮、西河鎮では客家が占める割合が九〇%を超えている。東山以外では、最近「花郷農居」として売り出されている錦江区三聖郷の紅砂村は、福建省から移住した客家が住む村落である。

ところが、洛帯の人々が実は客家であることが学者や役人によって「発見」されると、次第にここは「客家文化の溢れる町」として観光開発の対象となっていった。特に一九九〇年代末、洛帯鎮政府、四川客家海外聯誼会、四川客家研究センターが提携して洛帯の観光開発を提唱し、省政府の支持のもとそれを推進するようになった（注2）。洛帯の景観が大きく変わったのは、二〇〇五年十月に第二十回世界客家大会（➡第二十九章参照）が洛帯で開催された頃からである。それまでも広東会館（注3）など一部の建築物を修築するなどしてきたが、世界客家大会で各国からの来客を受け入れるため、中心部の景観を整えた。そうして、写真６－１でみるような現在の景観の原型がつくられた。

写真６－１　洛帯中心部の景観（2011年8月、河合撮影）

他方で、洛帯では、客家文化にまつわるイベントや商品を次々と提供するようになった。例えば、二〇〇〇年の春節時から、付近の村落で四百年以上伝承されてきた龍舞（注4）を鎮中心部の町でおこない、客家火龍節と名づけて毎年開催している。また、タイ族の水かけ祭りを参考とし、二〇〇二年より客家水龍節を創り出した。冬季に開催する火龍節に対し、水龍節は夏季におこなう新たなイベントとして、洛帯観光の目玉になっている。さらに、洛帯では、客家の名目のもと、さまざまな食品が売り出されるようになった。例えば、ガチョウの卵、桃花《タオホア》米酒《ミージウ》、傷心涼粉《シャンシンリャンフェン》（注5）などである。これらの飲食物は、客家という新たな商品価値を付与されることで、売り出されている。

（2）もともと客家意識の薄かったこの町で、観光開発を進めるにあたり特に重要な役割をなしたのが、邱林と陳世松の両氏であった。邱氏は、マレーシアの客家華僑であり、一九九七年に洛帯で四川客家海外聯誼会を組織した。陳氏は、四川社会科学院の研究員であり、一九九九年に四川客家研究センターを成立させた。

（3）広東会館は、清の乾隆年間に建設され、二〇〇六年に全国重点保護文物単位に指定された。洛帯には他にも広湖会館、江西会館、川北会館がある。

（4）洛帯鎮宝勝村の劉氏の間で伝承されてきた龍舞（劉家龍）を指す。劉氏は、贛州市寧都県から移住してきた「広東人」であり、成都に移住後三百年以上にわたり劉家龍を伝承してきた。しかし、劉氏によると、客家火龍節として観光客用に演技している龍舞は簡略化されたもので、昔から伝えられてきた

加速する客家化

統計によると、観光開発を進めてから十年も経たないうちに、洛帯の地価や平均収入は数倍にも膨れ上がった。毎年数多くの観光客が押し寄せ、週末や祝日ともなると町は多くの観光客で溢れている。客家を売りにした古鎮開発においては、世界でも類をみない成功を収めているといってもいいだろう。こうした状況のもと、洛帯の開発はますます加速し、二〇〇八年には博客小鎮《ボークー》が建設された。ここでは、観光センターをはじめとし、観光客向けのさまざまな施設が建設されている。（注6）

博客小鎮で新たなシンボルの一つとして建設されたのが、円形土楼である。言うまでもないが、四川省では伝統的に円形土楼は存在しない。しかし、円形土楼は、すでに客家のシンボルともなっているため、客家博物館として落成した。（注7）それにより、「客家の故郷」の景観を西南部の地に再現させたのである。

写真６-２　博客小鎮の客家博物館（2014年6月、河合撮影）

現在、洛帯鎮を歩いていると、洋服、ピアノからCDにいたるまで、およそ客家文化とは関係なさそうなものまで「客家」の名で売り出されている。また、四川省といえば真っ先にイメージされるパンダの人形をみかけることも少なくない。このように洛帯は、客家住民の生活文化がそのまま反映されているというよりは、よりエンターテインメント性の強い空間として生

それではない。伝統的な劉家龍は、「情龍→臥龍→摆龍」のプロセスがあり、より複雑なのだという。

（５）傷心涼粉は、客家ではない経営者が、四川のどこにでもある涼粉をベースに考案した創作料理である。通常の涼粉より辛く涙が出るので、涙を流しながら苦労して移住した客家を体現した料理として売り出されている。

（６）観光センターの建物の前は広場になっており、祝祭日にはさまざまなイベントが催されている。

（７）この円形土楼は博客楼という。客家の中原からの移住など、「通説」となっている客家の歴史、及びローカルな客家文化が展示されている。この円形土楼は空間構造のうえで永定県のそれを模倣している。

み出されている。換言すると、洛帯は、客家という記号で溢れる「特殊な」空間として生産されており、観光客はその記号を消費することで「異世界」を楽しむのである。

第七章　台湾の客家地域

台湾への移住

台湾客家は人口の約一五％前後（統計により数値には偏差）を占めている。彼らが大陸中国、特に広東東部から移住したのは明代末から清代初期にかけてであるが、大々的な移住は一七六〇年代以降[注1]である。

客家に先立ち福建省からの移民がすでに台湾で定住していた。故に客家はやむなく山地へ定住したが、十八世紀初頭には土地争いなどから福建人としばしば衝突した。朱一貴《しゅいっき》の乱（一七二一）および林爽文《りんそうぶん》の乱（一七八六年）と呼ばれる清に対する反乱が起こった際、南部客家語圏の住民が義勇軍を組織して反乱軍を撃退したことで、清朝からもその働きを認められ、その時の犠牲者を祀った[注2]。その廟が台湾北部の新竹にある「義民廟《ぎみんびょう》」であり、現在でも毎年旧暦七月に「義民祭」が行われ台湾内外に台湾客家の

写真７－１　新竹の義民廟（2015年10月、河合撮影）

（1）清に滅ぼされた明の亡命政権が鄭成功とその孫まで三代二十三年に亘って台湾を統治していたが、一六八二（康熙二十二）年に鄭氏政権が滅ぼされ、以後台湾は清朝の統治下に入る。古川勝三『日本人に知ってほしい「台湾の歴史」』（創風社出版　二〇一三年　六七-七三頁）

（2）ただここで注意すべきは、これはあくまで「義民」を祀るものであり、客家の犠牲者を対象としたものではない点である。

伝統的な年中行事として紹介されている。

　台湾の客家と一概に言っても、実際には中国の出身地や方言に応じて、いくつかのグループがある。一般的には①広東省東部にある梅県《ばいけん》・蕉嶺県《しょうれい》・平遠県《へいえん》・五華県《ごか》の出身者（四県《しけん》方言話者）、②広東省東部にある海豊県《かいほう》・陸豊県《りくほう》の出身者（海陸《かいりく》方言話者）、③広東省東部にある饒平《じょうへい》の出身者（饒平方言話者）、④広東省東部にある大埔の出身者（大埔方言話者）、⑤福建省西部の出身者（詔安《しょうあん》方言話者）の五つの系統が大別してあるといわれる（➡第二十三章参照）。

台湾の客家居住地

台湾の主な客家居住地は平地と山地の間に多くみられ、この一帯には「台三線《たいさんせん》」という道路が通っている（➡第二章参照）。紙幅の関係で台湾の全ての客家地域をこの章で紹介することができないので、ここでは台湾客家文化の中心地の一つである南部の美濃《みのう》、および客家人口の多い北部の桃園《とうえん》・新竹《しんちく》・苗栗《びょうりつ》をさらに紹介していくことにしよう。

①美濃

広東省から台湾へ移民する場合、台湾海峡を流れる海流の関係もあり、南部にまず船が到着する。したがって南部は最も古くから開発され、古都の風情が色濃く残る土地となっている。美濃は今でも台湾文化の発信地の一つで、油紙傘《ようしさん》（➡第二十二章参照）は美濃の特産品としてよく知られている。

　南部が客家の伝統文化の中心地と見なされる別の要因としては作家・鍾理和《しょうりわ》（一九一五～一九六〇）の存在が大きい。美濃客家の生活を書いた「貧民夫妻」などの小説は、客家の生活を描いた傑作として名高く、独特の文化を守って気高く生きるという客家のイメージは、こうした現代文学からも創られていったといえる。さらに鐘理和の小説をもとに製作された映画『原郷人』は、大変人気を集め、そこで描かれている藍染めの服を着て紙傘をさす美濃の風景は客家のイメージを創り出す要因ともなった。

②桃園・新竹・苗栗

十九世紀に世界的に需要が高まった樟脳《しょうのう》（カンフル：薬用のほか花火、セルロイド、香水の原料にもなる）の原生林は奇しくも客家地域とかなり重複していた。現在でも客家語圏と認められる桃園、苗栗、新竹などがこれに当たり樟脳産業は正に北部経済発展の追い風となった。また一八八九年には樟脳を原料としての無煙火薬の発明、（注3）ジャーディン・マセソン、デントなどイギリス商社の台湾貿易着手もあって、台湾北部経済は世界と連動して活況を呈し始めた。（注4）

写真７‐２　交通大学客家文化学院の外観
（交通大学客家文化学院提供、張国鍵撮影）

また北部開拓の事例は、常に客家と福建人が対立していた通説を覆すような例が挙げられる。一例としては北埔における姜家が道光十四年（一八三四）に契約をまとめた開拓組織「金広福」がある。「金」は共同出資の組織であること、「広」は広東（ほぼ全ての台湾客家の出身地である）、「福」は福建を表しており、両者の合弁であることを明記している。（注5）清代前期は台湾の中でも福建系と客家の対立が激しく、武器を持って開拓民がしばしば衝突したが、十九世紀になると台湾でも両者の間に融和の動きが見られ始めた。

美濃を中心とする南部が台湾客家の精神的古都なら

（3）林満紅『茶、糖、樟脳與晩清経済』（台湾研究叢刊　第一一五種　台湾銀行　二八頁　一九七八年）を参照。

（4）伊能嘉矩『台湾文化志』中巻（六九〇‐六九二頁復刻版　一九六五年）を参照。

（5）陳運棟『台湾的客家人』（台源出版　二〇四‐二〇五頁　一九八九年）を参照。

ば、相対的に北部は新興経済により発展した地域と位置づけられよう。現代においてそれを象徴するのが大学都市としての貌を持ち、時として「台湾のシリコンバレー」とも称される新竹である。一例を挙げると交通大学では二〇〇二年に客家文化学院が開設された。その中の一つ一つの教室は現代的な設備を備えているが、外観は円楼を模してつくられている（写真7 - 2）。

日本語と台湾客家

台湾客家と日本語の関わりも忘れてはならない。日清戦争終結（一八九五）後、台湾は日本に割譲されて植民地となり、第二次世界大戦終結までの五〇年間、日本語が公用語となっていた。それまで福建系の閩南語が「主流」言語であったが、公用語としての日本語が客家にとって福建人と対等に渡り合える手段となったのである。筆者（飯島）は、第二次世界大戦後、台湾の公用語となった北京語（標準中国語）よりも、日本語のほうが遙かに達者な客家の日本語世代に度々出会っているが、彼らの日本語に対する愛着は並々ならぬものがあった。

筆者が長年調査している新竹関西鎮の旧家、関西范氏の使用する言語は正に台湾客家現代史を象徴している。日本植民地時代に大学教育を終えてしまった世代は北京語に何らかの抵抗を示し、第二次世界大戦直後に中等教育まで受けていた世代は北京語・日本語の両方を操り、戦後世代は当然ながら全く日本語が話せない。印象深いのは大戦終結当時三歳だったという范家の六男G氏である。人の話している日本語は何となく理解できるが自分の口からは言葉が出てこず、何とももどかしい、日本に滞在する機会が三カ月あれば、話せるようになるのでは、いや、きっと話せるようになる、と何度も寂しげに筆者に語っていたことが忘れられない。

客家文化の重視と推進

第二次世界大戦以後、国民党政権が台湾を支配するようになってからは台湾史研究そのものが停滞したため、当然客家研究も奨励されなくなった。戦後から一九八〇年代末までは客家が客家であることを隠して生きてきた、客家語を話さない「透明人間」時代である。これには台湾が「中国」であることを主張しなければならない国民党政権の意向が強く働いている。台湾の歴史と多様性を研究すればそれは台湾の独自性を自ずと内外に知らせるものとなってしまい、台湾独立の気運を高めてしまう恐れもあり、国民党政府としてもやむを得ない決断だったと言えよう。この流れが大きく変わったのが一九八八年十二月二十八日の「客家語を還せ」とのテーマでのデモである。一九八〇年代末の客家自己主張運動とそれによる客家法の制定、客家テレビ局の開設などへ結びついてゆく。

写真7-3　屏東・佳冬郷の街並。客家ロマン街道の建設にともない、南部でエコミュージアムの建設が始まっている。この壁には客家語の詩が書かれている（2018年9月、河合撮影）

二〇〇一年台湾政府は「伝承の危機にある客家文化の命脈を保つ」という趣旨で行政院客家委員会を設立し、客家文化の保存と復興に手厚い支援を行う事とした。他にも客家人口が四〇%以上の県、市、郷鎮を「客家文化重点発展区」に指定、同地区の小中学校でも客家語を教え、公共の場でも使用するなどして客家語の地位向上を図り、同時に「客家特色地区（原語は

客家特色的社区）」を設置し古蹟を保存、修復することにした。（注6）

二十一世紀に入り、台湾における客家文化の保存・継承・創造はますます顕著になっている。近年、客家委員会の主導のもと苗栗と屏東に客家文化園区が建設され、また、台北と高雄でも客家文化園区がつくられた。ここでは客家文化にまつわる展示や文化イベントがおこなわれており、今や観光や憩いの地となっている。また、最近になって政府は、客家が多く住む「台三線」沿線の特に北部（桃園・新竹・苗栗）において、客家ロマン街道の建設も進めている。

（6）『崇正導報』二〇〇八年三月三十一日。

第八章　東南アジアの客家と客家地域

第二章で概観したように、華僑華人社会において客家の大半が住んでいるのが東南アジア諸国である。東南アジアに住む客家は、その出身地、言語、アイデンティティによって、もしくは移住先の状況によって、複数の系統に分かれることがある。この章では、人口が比較的多いインドネシア、マレーシア、シンガポール、タイ、ミャンマー、ベトナムの客家について簡単に紹介する。最も客家人口が多いインドネシアから始め、北へ向かう形でみていくとしよう。

図8-1：東南アジア地図

インドネシア（印度尼西亜）

インドネシアは約二億五〇〇〇万人の人口を抱えているが、華僑華人は全体の三～四%にすぎない。しかも、そのうちのマジョリティは閩南人《びんなん》(注1)である。

（1）第一章の注3で説明したように、閩南人は福建省南部をルーツとする集団である。一般的に東南アジアでは、閩南人、広東人、潮州人、海南人、客家の「五帮」（華人の五大集団）に分かれている。

だが、それでも国全体の人口が多いこともあり、インドネシアは華僑華人社会において世界で最も多くの客家がいる国となっている。

　客家がインドネシアに移住した時期はかなり古いといわれる。一説では、南宋の末期（十二世紀はじめ）、文天祥《ぶんてんしょう》率いる客家の軍勢が元軍に敗れると、その軍に属していた梅県《ばいけん》出身者である卓謀《たくぼう》ら十余名がボルネオ島に渡って住んだ。（注2）清の乾隆《けんりゅう》年間になると、同じく梅県出身の羅芳伯《らほうはく》（一七三八〜一七九五）がボルネオ島に移住し、鉱業で成功を収めた後、西部にあるポンティアナック周辺の華人のリーダーとなった。そして、羅芳伯は、一七七七年に蘭芳公司《らんほうこうし》を設立して、華人の共和国をボルネオ島に築き、大唐総長（大統領）に就任した。

写真８－１　タマンミニの印尼客家博物館
（2015年8月、小林撮影）

　蘭芳公司には鉱山開発に従事する多くの客家がいたため、そのつながりでインドネシア、特にボルネオ島とその付近の島嶼部で客家が増加した。今でもシンカワンなどボルネオ島の西部には客家が多い。ブリトゥン島も客家の比率が高いことで知られる。また、ジャカルタ、バンドンなどの諸都市だけでなく、スラウェシ島、バリ島などの島々にも、客家が居住している。

　インドネシアに客家が大量に移住したのは、清末から民国期にかけてである。今のインドネシア客家の祖先の大半は、この時期に広東省や福建省から移住している。インドネシアの客家のなかで最も多いのは梅《ばい》州《しゅう》（特に梅県）（➡第三章参照）の出身者であり、恵州《けいしゅう》や陸豊《りくほう》がそれに続く。福建省の客家は永定《えいてい》にルーツを

（2）詳しくは、鄧鋭『梅州華僑華人史』（北京：中国華僑出版社、四〇頁、二〇一〇年）を参照のこと。

もつ者が多い。

インドネシアの客家のなかには、すでに移住から数世代経っているため、客家語や標準中国語が話せず、外見上もインドネシア人と大差ない者が少なくない。イスラーム(イスラム教)に改宗している客家もいる。さらに、開発独裁と反共姿勢を全面に打ち出したスハルト政権時代、華人学校や華人団体が閉鎖されたこともあり、客家文化が急速に失われていった。ただし、二〇〇〇年代から、多民族国家の一員として、華僑、ひいては客家の存在が少しずつアピールされるようになってきている。たとえば二〇一四年、インドネシア客家総会の支援によりタマンミニ国立公園内に円形土楼型のインドネシア客家博物館が誕生した。(注3)

マレーシア(馬来西亜)

マレーシアは、半島部と島嶼部に大別される。マレーシアの人口は約三〇〇〇万人であるが、そのうち約二五%の人口が華僑華人で占められている。インドネシア同様、マレーシアの華僑華人社会におけるマジョリティは閩南人であり、客家は少数派である。
いつから客家がマレーシアに移住しはじめたのかは定かではない。しかし、史料から明らかであるのは、十八世紀末には、客家がマレーシアに移住しているという事実である。とりわけ、一八〇一年にペナン島で結成された檳城仁和会館(後の檳城嘉応会館)はマレーシア、さらには世界で最も早い時期に成立した客家系会館であるといわれる。その後、十九世紀に入ると、マレーシアで客家系の会館が次々と成立した。なかでも、ボルネオ島東北部のサバ州では一五の客家公会がある。(注4)
特筆すべきなのは、サバ州では、最大の華僑華人集団が客家であることである。サバ

(3) タマンミニ国立公園はインドネシアの首都、ジャカルタにあるテーマパークで、インドネシアを構成する様々な民族がそれぞれの民族の伝統的家屋とともに展示されている。
(4) サバ州ではコタキナバル、サンダカン、クニンガウ、トゥアラン、テノム、ビューフォート、タワウなどで客家公会が結成されており、その数は今でも徐々に増加している。その他、大埔会館など中国の出身に応じた会館が多数ある。なかでも、サンダカン客家公会は一八八六年と最も早く成立している。

写真8-2　サバ客家大会の様子（2012年8月、河合撮影）

写真8-3　シンガポールの客家会館・応和会館（2009年11月、河合撮影）

州の客家の多くは、バーゼル教会の仲介を通して十九世紀後半に香港から労働移住した。それゆえサバ州ではバーゼル派をはじめとするキリスト教が浸透している。また、ボルネオ島西北部のサラワク州（注5）には掲陽《けいよう》出身者が多いが、サバ州ではいわゆる「恵東宝客家」（➡第二章参照）が主流となっている。サバ州では客家語が「標準語」となっており、サバ客家大会（注6）（写真8-2）などさまざまな活動が展開されている。

シンガポール（新加坡）

多くの南洋華僑の活躍の舞台となったシンガポール。同国の客家会館である応和会館《おうわかいかん》が一八二二年に成立しているように、十九世期初頭になる頃には一定数の客家がシンガポールに居住していた。なかでもシンガポールにおける客家の歴史において、胡文虎《こぶんこ》とリー・クワンユー（李光耀）に触れないわけにはいかない。

胡文虎は永定を祖籍地として、ミャンマーで生まれた。万金油（タイガーバーム）の製造・販売で富を得た後、本拠地をシンガポールに移し、『星州日報』（注7）社を創設するなど実業家として大成功をおさめ、また、シ

（5）マレーシア島嶼部は、サバ州とサラワク州に分かれるが、両者は同じ客家でもルーツや言語などの面で差が大きい。サラワク州の客家については、The Hakkas of Sarawak（Kee Howe Yong, University of Toronto Press, 2013）に詳しい。

（6）近年ではコタキナバルで円形土楼を模した建築物がつくられている。

（7）客家ではないが、同安県を祖籍地とする閩南人・陳嘉庚は、当時のシンガポールにおいて、胡文虎と同様の存在感を示していた。陳嘉庚は、華字新聞『南洋商報』社の創始者であり、一九二一年に厦門大学を設立した。陳嘉庚と同じく胡文虎も祖籍地に大規模な投資を行っており、永定に学校や円形土楼を利用した博物館が建てられている。

ンガポールに拠点を置く南洋客属総会《なんようきゃくぞく》の初代会長を務めた。一九二九年に成立したこの団体は、マレーシアやミャンマーなどに散在する五〇余りの客家団体を結びつける、いわば東南アジア諸国における客家の総本山である。胡文虎は、その会長を歴任することで、商工業、文化活動、福祉活動などの面における客家ネットワークの形成に大きく貢献してきた。

他方で、シンガポールの初代首相であるリー・クワンユーは、大埔出身の客家である。彼は、政治的に客家を前面に押し出すことはなかったが、南洋客属総会の永久名誉顧問となっている。シンガポールも閩南系が最も多いが、リー・クワンユーの影響で政府の首脳部には客家が多いともいわれている。客家華僑はシンガポールの政治、経済、メディア、物流など多方面において強い存在感を示してきたのである。

タイ（泰国）

タイの華僑華人の大半は潮州《ちょうしゅう》人である。客家はタイで二番目に多いが、それでも同国の華僑華人社会において約一〇％しか占めていないと推測されている。潮州語やタイ語を母語とする客家も少なくはない。タイの客家のルーツは、インドネシアと同様、梅州出身者が主である。その他、広東省の恵州、掲西、福建省の永定などの出身者もいる。タイの第三十一代首相であるタクシン・チナワット、およびその妹である第三十六代首相インラック・チナワットの両親は、梅州（父親は豊順県、母親は梅県）にルーツをもつ客家であるといわれる。

客家がいつ頃からタイに移住したのかは定かでないが、十八世紀半ばには広東省から移住した客家が徐々に増えたようである。(注8) さらに、一九一〇年になるとマジョリティで

（8）十九世紀半ばに伍淼源と許必救という二名の客家がタイに移住し、チェンマイで商売を営んだという記録が残されている。また、一八九九年、張斌坤がタイに呂帝の像をもってきて、その三年後に呂帝廟が建てられた。

写真８－４　バンコクの呂帝廟（2012年11月、河合撮影）

ある潮州系から独立し、「暹羅客属会所」（シャム客家会所）を組織した。そして、一九二七年十二月二十一日に泰国客家総会として正式に政府に登録された。[注9]

タイの客家は、首都・バンコクだけでなく、各地に居住している。特にマレーシアに近いハート・ヤイ（中国名：合艾）とベトン（中国名：勿洞）には客家が集中して住んでいる。ハート・ヤイの都市開発では客家が大きく貢献したという逸話が残されている。現在、タイでは、合艾客家会館、勿洞客家会館、清邁《チェンマイ》客家会館など、各地に客家団体が設立されている。他方で、泰国豊順《ほうじゅん》会館、泰国大埔《たいほ》会館など出身地に基づく団体もある。近年は台湾からの移住者も増え、旅泰台商客属聯誼会が成立した。

ミャンマー（緬甸）

ミャンマーでは旧首都ヤンゴン（二〇〇六年よりネピドーが首都となった）を中心に多くの客家が居住する。正式な統計はないが、一般にヤンゴンの客家には福建系が多く、マンダレーの客家には広東系が多いとされ、江西省の客家は圧倒的に少ない。ミャンマーの客家は、マレー半島を経由して移動してきた者がほとんどであり、福建系は商業、広東系は建設業に就くことが多かった。そのため前者はミャンマー語の「長袖」、後者は「半袖」と呼ばれることもある。

（９）泰国客家総会のホームページ（http://www.hakkathailand.com/／二〇一七年三月二十四日アクセス）に掲載されている「泰国客家総会会史」（盧鈞元整理）に基づく。この記載によると、大埔県出身の余次彭という同盟会の党員の主導のもと暹羅客属会所を組織し、まず呂帝廟に会館を置いた。そして、泰国客家総会が成立すると、伍淼源の息子である伍佐南が会長に就任した。

写真８－５　ミャンマー・ヤンゴンの永定会館（2016年8月、小林撮影）

ヤンゴンには梅州、龍岩、永定など各地の会館・同郷会・宗親会があるが、表立って客家性を主張しておらず、客家というまとまりで活動する機会は極めて少ない。その背景として、一九六〇年代半ば以降の軍事独裁政権の影響が考えられる。一九五〇年代頃までは華僑が主催する運動会や文化活動が行われ、出身地を超えた華僑同士の交流がさかんに行われていたが、(注10)一九六〇年代半ば以降、ネーウィン大将が主導する「ビルマ式社会主義」体制が敷かれると、客家を含む華僑は影をひそめるようになった。(注11)

現在、ミャンマー客家の多くは標準中国語、ミャンマー語を話すことができ、それが彼らの「共通語」となっている。軍事政権下にあっても標準中国語話者が絶えなかったのは、ミャンマー華僑による私塾（ヤンゴン市内であれば慶福宮など）によって標準中国語教育が続けられてきたためである。二〇〇〇年以降、客家の名のついた会館や互助組織も見られるようになっているが、個々人の客家意識は薄く、むしろ福建系、広東系という枠組みの方が優勢である。

ベトナム（越南）

ベトナムの客家はいくつかの系統に分かれている。ベトナムには五三の少数民族がいるが、そのうちシナ語族に分類されているのは、ホア族、ンガイ族、サンジウ族である。そのうち、ホア族とはいわゆる華僑華人であり、その「五帮」（五大集団）のなかに客家

（10）一九六〇年代半ばまで、華僑系の学校を基本的な参加単位とした「全緬華僑運動会」が開催されていたり、緬華教師連合会の活動記録などが残されていたりする（緬甸華僑図書館所蔵）。

（11）詳しくは長田紀之「ミャンマー」『華僑華人事典』（丸善出版社、二三三四頁、二〇一七年）を参照のこと。

が含まれている。他方で、「ンガイ」が客家語で「私」を意味する通り、ンガイ族も客家であるとされる。つまり、ベトナムにおいて客家は五帮系統とンガイ系統とに分岐するようになっている。(注12)

両者は、ルーツ、言語、職種などの面で異なると互いに認識されている。五帮系統の客家は、特に十九世紀後半以降、広東省の中部・東部から水路でベトナム南部に移住した。それに対し、ンガイ系統の客家は、清代に欽州《きんしゅう》府や廉州《れんしゅう》府（欽廉地区と称される）の管轄下にあった広西南部をルーツとする。(注13)両者はルーツが異なるため、語彙やアクセントが異なる客家語を話す。さらに、五帮系客家が主に商業を営んできたのに対し、ンガイ系客家は周囲のヌン族などとともに農業や漁業を営んできた。(注14)

写真８‐６　ホーチミンの観音閣。観音の両側に麒麟の像を置いている。奥の建物は客家の福祉機構である崇正慈善会館（2013年8月、河合撮影）

五帮系客家は、ンガイ系の客家に比べると、「正統な」客家としてのアイデンティティが強い。近年は、ホーチミン市にある越南《ベトナム》崇正会を中心とし、客家語教育をおこなっているほか、同市の郊外で観音閣（写真８‐６）という名の客家聖地を建設して慈善活動や祖先崇拝などの活動をおこなっている。(注15)他方で、ンガイ人は、ホーチミンの護国観音廟で欽廉《きんれん》会

(12) ただしンガイ族（ベトナム研究者は一般的にガイ族と呼ぶ）は一九七九年に認定された新しい民族であるため、その前身であるンガイ人にはヌン族やホア族などにもいる。詳しくは、学術雑誌『アジア・アフリカ地域研究』（京都大学）十七巻二号の特集「ベトナムのガイ人——客家系マイノリティーの歴史・宗教・エスニシティ」（伊藤正子編集）を参照のこと。

(13) ンガイ人のルーツとして特に多いのは、今の防港城の山岳地帯である。なかでも、同市の那良鎮はンガイ人の主要なルーツの一つとなっている。

(14) したがって、両者は、言語や文化が異なる別の集団とみなされることがあり、特に五帮系客家はンガイ系客家を「ハイフォン客」「ヌン族」などと呼称している。また、ンガイ系客家は、混血や同化も進んでおり、なかには「ヌン族」（ヌンの華人）を自称する人々もいる。

館を組織しているが、客家と関連する目立った活動はおこなっていない。一九七〇年代末、中越関係の悪化にともない、ベトナムでは華人排斥の動きがますます強まった。それ以降、主に北部に住んでいたンガイ系客家は、大陸中国、香港、オーストラリア、アメリカ、カナダなどに次々と移住することになった。そこで彼らは護国観音廟をつくり、そこを中心としたネットワークを再形成するようになっている。(注16)

(15) ベトナム崇正会は観音を「客家の守護神」とし、それを祀る施設として二十世紀末より観音閣を建設し始めた。観音閣の景観デザインは寧化・石壁のそれを模倣している。

(16) 現在、護国観音廟は、ベトナム南部に点在するほか、シドニーのキャンリー・ベールにもある。なお、華人排斥運動後、五帮系の客家も海外に移住していった。

第九章　二次移住と越境ネットワーク

東南アジアに移住した客家の一部は、内戦や華人排斥運動、または仕事や進学などによって、さらに別の国へと移住した。こうした二次移住の現象は、特に第二次世界大戦後に顕著になっている。他方で、近年は欧米諸国などへの二次移住も増加している。現在、さまざまな二次移住がみられるが、本章は、なかでも顕著と考えられる二種類の二次移住を紹介する。一つ目は、東南アジアから大陸中国へ帰国した客家についてである。また二つ目は、オーストラリアや北米への二次移住の波である。なお、台湾から日本への二次移住については次章で改めて述べる。

東南アジアから大陸中国への帰還

前章で述べたように、中国から東南アジアへの移住が特に増加したのは十八世紀以降だが、この時期の客家の全てが東南アジアに永住していたわけではない。むしろ、中国、香港、東南アジアなど国／地域を越えて往来する生活を送る人々も少なくなかった。ただし、なかには東南アジアで生活の基盤を築き定住していた客家もいた。(注1)また、東南アジアの現地女性（または男性）と結婚し、現地の国籍を取得して、現地語を主に話し、現地の服を着て現地の食事をとる客家も現れるようになった。(注2)しかし、彼らの一部は、第二次世界大戦前後、さまざまな理由で故郷への帰還を選択するようになった。東

(1)多くの客家は、海外に定着しても中国の親戚と連絡をとり、手紙を送ったり送金をしたりした。当時、「水客」と呼ばれる労働者が中国と東南アジアを往来して手紙や物資などを届けた。第二次世界大戦前後、中華圏において水客業は一大ビジネスであった。

(2)世界客家大会では、バティック（更紗）やイスラーム帽をかぶって参加する人々もちらほら見かけられる。彼らのなかには宴会料理として出される豚肉を食べない人々もいる。

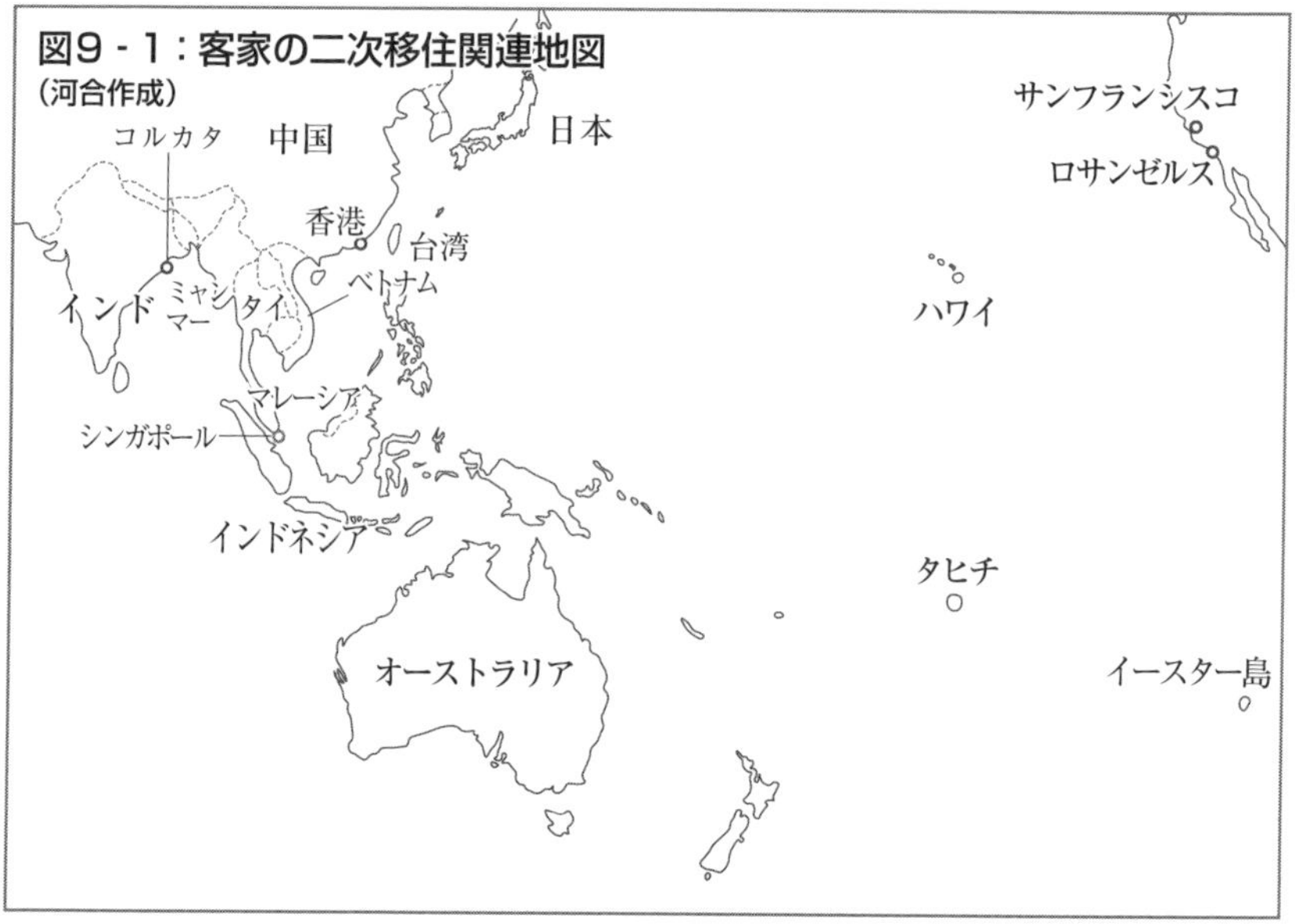

図9-1：客家の二次移住関連地図
（河合作成）

南アジアから大陸中国に帰国した動機、時期、ルートは一様ではないが、一定のパターンを見出すことはできる。まず、海外客家人口が最も多いインドネシアの例をみていくとしよう。インドネシアから大陸中国に戻った動機やルートには主に次のようなものがある。

第一は、日中戦争・太平洋戦争の勃発により、戦争から逃れるため（もしくは軍隊に参加するため）帰国した一派である。この一派は、帰国後、父親の出身地に戻り、その宗族に属することも多かった（注3）。第二は、第二次世界大戦の終結後、特に一九五〇年代から一九六〇年代前半にかけて、進学を理由に帰国した若者たちである（注4）。また、この時期には、鉱山労働者としてインドネシアから江西省に移住した客家もいた（注5）。第三は、一九六〇年

（3）帰国にあたっては居住する国のパスポートが必要であった。一九四〇年代にインドネシアから中国に帰国した客家女性のパスポートが、国立民族学博物館で所蔵されている。

（4）インドネシアでは、中国系の学校は国民党と共産党の二派に分かれていたが、そのうち共産党系の学校に属していた学生が、さらなる進学の機会を求めて帰国した。詳しくは、王蒼柏『活在別処——香港印尼華人口述歴史』（香港大学亜州中心、二〇〇六年）を参照。

（5）当時、江西省贛州におけるタングステン鉱山の労働に従事するため、インドネシアから梅県出身の客家が帰国したという記録がいくつか残されている。

写真９‐１　ベトナムの帰国華僑（ンガイ人）による祖先崇拝（打斎）の儀礼
（2015年10月、花都華僑農場にて河合撮影）

代末、インドネシアで中国系移民を排斥する動きの影響を受け、帰国していった人々である。この時期に帰国した大半の人々は、必ずしも祖籍地には戻っておらず、政府の手配により華僑農場にまず定着した。(注６)

他方で、ベトナム客家の一部も戦争、進学、華人排斥運動が主な要因となって中国に戻ったが、その社会政治的背景は異なっている。ベトナムの場合は、華人排斥運動が起きた時期が一九七〇年代末と比較的遅かった(注７)（➡第八章参照）。また、ベトナムのなかでも大陸中国に近い北部で排斥の動きがより強かった。したがって、特にベトナム北部に主に住んでいた客家は、そ

（６）この場合、必ずしも中国の出身地に近い華僑農場に行くわけではなかった。例えば、梅県出身の客家が海南島や雲南省の華僑農場へ行き定住することもあった。彼らの大半は、改革開放後に生活水準が上向くにつれ農場を離れ、都市や海外に移住した。

（７）一九七八年一月の中国‐ベトナム国交断絶にともない、ベトナム政府は華僑にベトナム国籍を取得することを強制した。

の絶対的多数がベトナムを追われ、中国の華僑農場に移住することとなった。(注8) そのうち、広州の花都華僑農場や深圳の光明華僑農場などいくつかは、ベトナムから帰国した客家が集中するようになった。彼らの生活習俗は、他の帰国華僑と異なることもある。(注9)

また、中国に帰国した客家の一部は、改革開放政策が実施されると、香港に移住した。彼らは、大陸中国の環境に適応することができず、さらに文化大革命時には「資本主義分子」として排斥された苦労を経験したことから、改革開放政策後に海外に出る機会ができるとすぐさま出国の申請をした。彼らは少なからず香港を経由し、さらに北米やオーストラリアへと移住していった。

北米およびオーストラリアへの再移住

近年、欧米諸国やオーストラリアに移住する客家が増えている。その主な要因は、進学、仕事、戦争などによるものである。まずは、アメリカ合衆国（以下、アメリカと略称する）の例をみてみよう。

アメリカに客家が移住し始めたのは十九世紀半ばのことである。この時期、カリフォルニアでゴールドラッシュがおき、広府人とともに多くの客家が移住した。そして、第二次世界大戦が終結すると、香港や台湾からアメリカに留学、貿易、不動産投資などの理由で客家が移住してきた。続いて、一九七〇年代に入ると華人排斥運動や戦争などの理由により、東南アジアからの移住が相次いだ。さらに一九八〇年代以降は、大陸中国からの移民の増加に伴い、客家が次々と移住した。

それにより、アメリカでは、十九世紀から二十世紀に大陸中国から移住した「老華僑」が組織した客家団体のほかに、台湾系、東南アジア系など系統の異なる客家団体が

(8) また、南部に住んでいた客家の少なからずは一九七〇年代までにはベトナムを離れて、中国、北米、オーストラリアなどに移住していった。

(9) 同じ帰国華僑と言っても内部にはいくつかの集団がある。例えば、広州の花都華僑農場や深圳の光明農場には、さまざまな出身の帰国華僑がおり、なかでもンガイ系客家（➡第八章参照）が特に多い。ここでは「打斎」と呼ばれる祖先崇拝儀礼が、ンガイ系客家の特色であるとみなされている。（写真9-1）

次々と成立した。[注10] このような状況はカナダでも認められる。同時に、アメリカやカナダでは中米からの移民も多いが、その流れにおいて客家人口の多いパナマ、ジャマイカ、キューバなどの客家も北米に移住するようになった。加えて、インドの客家がカナダへ移住する動きも顕著である。現在、華僑華人の多いサンフランシスコ、ロサンゼルス、ヒューストン、ニューヨーク、トロント、バンクーバーなどでは、出自の異なる客家団体が複数併存している。

他方で、客家のオーストラリアへの移民もアメリカと同じくゴールドラッシュを契機としており、一九七〇年代に白豪主義が撤廃され多文化主義政策が導入されるようになってから、香港、台湾、東南アジア諸国からの二次移住が増加した。近年はオーストラリアでも、中国系、台湾系、東南アジア系の客家団体が次々と成立している。特に華僑華人人口が最も多いメルボルンでは、維省（ビクトリア）客属崇正会、墨爾本（メルボルン）客家聯誼会、維省東帝汶華裔中老年会、維省東帝汶華人聯議会、維省欽廉同郷会といった客家団体があるが、そのうち後三者は東南アジア系である。[注11]

写真９－２　シドニー欽廉同郷会の護国観音廟（2017年6月、河合撮影）

東南アジアの客家がオーストラリアに移住した要因の一つは、戦争や内紛である。そのうち、オーストラリアの客家でとりわけ目を引くのは、ベトナムやカンボジアだけでなく、東ティモールからの客家移民が多いことである。前述のように、インドネシア客家の一部は中国に帰国したが、インドネシア最東端の東ティ

（10）台湾系の客家団体は、台湾派と中立派へとさらに分かれる傾向がみられる。例えば、ニューヨークでは、一九八一年に成立した東アメリカ客家聯誼会（美東客家聯誼会）が中立派であり、そこから一九九八年に離脱して成立した大ニューヨーク客家会（大紐約客家会）が台湾派である。他方で、東南アジア移民、とりわけ多数派であるベトナム、ミャンマー、ラオスからの移民は「越緬寮同郷会」という団体を結成している。この団体に参与する客家もいる。

（11）羅可群『澳大利亜客家』（広西師範大学出版社、二〇〇九年）を参照。なお、維省東帝汶華裔中老年会と維省東帝汶華人聯誼会は、東ティモール出身の華僑団体であるが、絶対的多数が客家で占められている。また、維省欽廉同郷会は、広西南部をルーツとするベトナム華僑の団体であり、多くのンガイ系客家が所属している。

モールに住む客家の多くは、二〇〇〇年前後に紛争が起きた後、地理的に近いオーストラリアに移住した。今や東ティモールから二次移民した客家は、独自の会館も設立しており、オーストラリア客家の主流の一つとなっている。

以上にみるように、北米やオーストラリアに移住する客家のなかには、戦争や内紛などの形で故郷を追われ離散するケースも少なくない。すでに故郷の親族や知人と連絡がつかなくなっている客家もいる。だが、注目に値するのは、こうした状況にもかかわらず、二次移住を通して新たな越境ネットワークが一部で形成されているということである。(注12) これら客家移民は、国境を超えた交流を通して共通の価値観や客家としての理想像を込め、離散者によるディアスポリック空間をつくりだしている。

(12) とりわけ台湾から移住した人々は、台湾を拠点とし、アメリカや日本などでグローバルなつながりを形成している。ベトナムのンガイ系客家もアメリカ、カナダ、オーストラリアで団体を結成し、大陸中国と連合で定期的に世界大会を開催している。

第十章　日本の客家と客家団体

日本には約七三万人（二〇一七年末、法務省の統計による）の在日中国人がいるが、そのうち客家は少数派である。正確な統計はないが、日本には約一万人の客家がいると推測されている。(注1)中国や東南アジアなどとは異なり、日本には客家が主に居住するいわゆる客家村落は存在しない。一般的に客家は、中華街にもあまりおらず、日本人に混じってマンションや一戸建てなどに住んでいる。換言すれば、客家は各地に分散して住んでおり、客家団体などを結節点にしてつながっている。そして、客家団体を組織し活動する客家の大多数は、台湾からの二次移民である。この章は、客家団体を中心とし、客家の日本への移住と現状を紹介する。

写真10-1　和歌山県新宮市の徐福公園にある徐福像。裏手に徐福の墓がある（2014年8月、河合撮影）

日本への移住

客家がいつから日本に移住したのかは定かではない。だが、日本の客家の間では、日本に最初に移住した客家は徐福であると言い伝えられている。(注2)もちろん徐福が生きた秦の時代は紀元前であるので、この時期に客家というエスニック集団が形成されてい

（1）河合洋尚「日本客家的歴史与族群性初探」（張維安編『東瀛客蹤――日本客家研究初探』苗栗銅鑼郷：客委会客発中心、二〇一五年）を参照。

（2）徐福は、秦の始皇帝の時代に三〇〇〇人の童男・童女を引き連れて不老不死の薬を探し求めた人物であり、最後は日本で亡くなったという説がある。

（3）中原起源説に基づいても、客家というエスニック集団が形成されたのは唐代末期に南方へ移住してからのことである。

（4）諸説があるが、孫文も客家であったと言われる。当時の横浜に客家がいたとする根拠は、日本の崇正会の内部資料に基づく。

たのかという問題がある。(注3)徐福日本客家始祖説は、実際のところ「神話」の類に入るといえるかもしれない。

歴史資料から判断すると、現在の客家地域から日本に移動し始めたのは、清代末期のことである。なかでも有名なのは、一八七七年に清朝政府より派遣された何如璋と黄遵憲である。両者は梅州（➡第三章参照）の出身である。さらに、清末から孫文も日本を頻繁に訪れており、一説には彼に追随して来日した客家が横浜だけで当時、六〇〇〇名いたといわれる。(注4)横浜では一九一一年に恵安《けいあん》公所が設立され、横浜崇正会《すうせいかい》の前身となった。(注5)

日本の客家団体

一九三七年に日中戦争がはじまるまでに、大陸中国から移住した客家の大半は故郷へと戻っていった。現在、日本にいる客家とその祖先は、台湾にルーツをもつ者が少なくない。その理由は、植民地統治が大きく関係している。一八九五年から一九四五年まで日本が台湾を植民地化した間、留学や商売、戦争による強制労働などの理由で、台湾から多くの客家が日本に移住した。だが、戦争終結直後の日本での生活は苦しかった。そうしたなか相互扶助の目的で、一九四五年に客家公会が結成された。(注6)

客家公会は、一九五〇年代後半に活動を停止したが、台湾の邱念台《きゅうねんたい》(注7)や香港崇正総会などのはたらきかけもあり、一九六〇年代より日本で客家団体が次々と成立していくことになった。(注8)その先駆けとなったのは、一九六三年に成立した東京崇正公会（初代会長：邱進福）である。また、一九六五年に名古屋崇正会（初代会長：彭太源）、一九六八年

(5) 恵安公所の「恵安」は、恵州と宝安を指しているものと推測されるが、定かでない。恵安公所は日本最初の客家団体とみなされることもある。

(6) 客家公会は、一九四五年に東京で結成された。この会を結成した主要メンバーは、会長・余家麟を中心とする台湾出身の客家であった。初期の創設メンバー一〇名は全員が客家であった。そのメンバーの一人であった范子唐は、後に二代目会長に就任した。NHK総合の番組「ファミリーヒストリー」（二〇一二年十月二十二日放送）によると、余家麟は、女優・余貴美子の祖父にあたる。

(7) 民国建国後に孫文の臨時政府に参加した詩人・邱逢甲の第三子。台湾の苗栗で生まれ、広東省政府顧問、中山大学教授

写真10‐2　日本の客家団体が集まる全日本崇正総会の年会（2014年3月、河合撮影）

には大阪に日本関西崇正会（初代会長：邱添寿）が成立した。さらに、二十世紀末になるまでには、北海道崇正会、東北崇正会、西日本崇正会、九州崇正会、沖縄崇正会が次々と成立した。

　だが、リーダーの不在や会員数の減少などにより北海道、東北、西日本、九州の各崇正会がなくなり、二〇〇九年に東京崇正公会から日本関東崇正会が分離した。二〇一七年現在、日本には、東京崇正公会、日本関東崇正会、名古屋崇正会、日本関西崇正会、沖縄崇正会の五つの崇正会が存在している。(注9)これらの客家団体に所属するメンバーの九五％以上は台湾出身である。(注10)ただし他方で、近年の日本には留学・仕事・結婚などにより、大陸中国から移住する客家も増えている。大陸中国出身の客家は、一般的に崇正会に属していない。

文化とアイデンティティ

一九四〇～六〇年代に台湾から日本に移住した客家はすでに高齢になり、二世、三世が育ち、さらには四世が誕生している。世代が下るにつれ日本社会に溶け込むようになり、二世以下の大半は客家語を話すことができない。(注11)崇正会のメンバーは一世・二世を中心に高齢者化が進み、若い世代の大半はほとんど参与しない。(注12)

　しかしながら、日本では崇正会を中心としたイベントが定期的に開催されている。例

などを歴任した。

(8) 戦後、台湾からの移民がバナナや砂糖などの販売で来日したが、そのなかには客家も多く含まれていた。さらに、台湾より一部の留学生が日本に残り就業した。この時期、日本の客家人口が増加したことも、団体の設立に至った背景として挙げられる。

(9) 東京崇正公会を除く四つの崇正会は、連合して全日本崇正聯合総会を組織している。

(10) 北部の桃園・新竹・苗栗の出身が最も多い。ただし、中部の東勢や豊原、南部の屏東や美濃などから移住している人々もいる。

(11) とりわけ母親が日本人であるハーフの場合、客家語はおろか中国語すら解せない者がほとんどである。

(12) 周子秋『日本客家述略』によると、三世の大半は客家への関心をなくし、四世はすでに日本に同化されている。

写真10 - 3　客家料理教室。受講者には日本人も多い（2018年5月、兵庫県西宮市にて河合撮影）

えば、毎年四月初頭の例会では、台湾から舞踊団や歌劇団などを招き、客家語を交えたイベントをおこなっている。また、不定期に旅行、健康講座、客家料理の普及（写真10 - 3）、台湾からの留学生の支援、日本の教育・研究機関との交流イベントをする。(注13) その他、毎年八月のお盆時には和歌山県新宮市にある徐福公園で祭祀活動が催されるため、一部の客家がこのとき参拝にでかける。(注14) 日本では、たとえ客家語を話せなくても現時点では客家としてのアイデンティティをもち、こうした活動に参加する人々が確かに存在するのである。

（13）例えば、毎年四月初旬に大阪の梅田で全日本崇正聯合総会の年会が、ほぼ同時期に東京崇正会の年会が開かれている。なお、一九八〇年には日本の崇正会が中心となり、東京と大阪で世界客家大会を開催した。

（14）とりわけ地理的に近い日本関西崇正会の一部の会員は、徐福の墓に参拝に行くだけでなく、一九九四年の徐福公園の再建においても多額の寄付をなした。今でも年会の際には、新宮で開発された徐福茶を参加者に配っている。

コラム① 沖縄と客家

沖縄客家の始祖・阮國――緒方修

那覇市の一角に松山公園、福州園、久米廟などが並んでいる。県庁から国道五八号線を直角に横切り、海へと向かう地帯だ。このあたりは、くにんだ、と呼ばれ、中国からの渡来人が住んでいた。松山公園にはその名前が記された碑がある。「久米三十六姓」として知られる彼らの末裔は沖縄には多い。真栄田、吉元、真玉橋、與古田、与古田、横田、宜保、神村、小渡、我謝、我喜屋、山田。実はこれらの名前は全て阮國我謝親雲上（一五六六～一六四〇年）を始祖とする。阮國は福建漳州府龍渓県の人。

始祖阮國の来琉四百年を記念して一九九七年十一月九日に記念碑序幕式が開かれた。また四百ページを超す「久米阮氏記念誌」を発刊した。まず記念碑の碑文を紹介する。

「阮氏始祖阮國公は、嘉靖四十五年（一五六六）中国福建省漳州府龍渓県に生まれ、崇禎十三年（一六四〇）久米村で七五歳の生涯を終えました。

阮國公は、万暦二十二年（一五九四）航路を誤った琉球の進貢使一行を護送して帰国せしめる命をうけ、初めて琉球に到りました。その後も航海の指南役として進貢船の中国往還を助けました。

時に、琉球国では、察度王の代に中国から派遣され、琉中の交流を支えていた閩人三十六姓が「わずかに六姓を残すのみ」と嘆かれるほど衰微していました。東南アジア諸国との交易は終りを告げ、中国への進貢にも人を欠くありさまで、その継続は風前の灯でした。

琉球王国の尚寧は、「三十六姓の欠けたるを補う」と称して、万暦三十五年（一六〇七）阮國、毛国鼎二氏の琉球への入籍を願い許可を得、入籍して久米村に家宅を賜り琉球王国に仕えることになりました。その後、多くの功績を挙げ、地頭職を賜わり官位も正議太夫に昇りました。

阮國公は、薩摩侵入前後の困難な時代に琉中の橋渡しを勤め、久米村再興の一端を担い、久米村阮氏の基礎を築き琉球歴史上に大きな役割を果たしました。

阮國公来琉四百年の節目にあたり、その功績を顕彰するとともに、阮氏子孫の和睦と発展を祈念してここに記念碑を建立します。

一九九七年十一月九日

阮氏我華会

記念碑の石材は生誕の地、福建省漳州府龍渓県から取り寄せられた。式典には香港と台湾・台南の阮氏宗親会の代表が出席した。四百年前の中国大陸、台湾との縁が今に続いている。

福建省漳州府龍渓県は客家が多い。族譜と呼ばれる家系図を辿ってみよう。

「久米阮氏記念誌」の中の漳州阮氏族譜研究資料抄によれば、雅懐堂と雅徳堂の阮姓祖廟から日本沖縄村へ分流した、と見られる。祖廟名・竹林堂の分流には、永定の地名、継成堂や南川堂には南靖県の地名もある。いずれも客家の居住地だ。阮氏の分流が一つは永定へ、一つは沖縄の久米村に渡った、という図を永定か南靖付近の博物館で見たこともある。しかし古文書で確かめた訳ではない。また族譜は全面的に信頼できるものではない。だが久米村の住民の中に客家がいたことは間違いないようだ。

漳州龍渓石美より海外に移住した阮氏の状況によれば、琉球に移住した人口は二万人と記されている。明らかに白髪三千丈式の誇張だろう。

沖縄在住の客家―林国源氏

台湾・中国への観光客送り出し、受け入れを長

石垣島のパイナップル農園は戦前に台湾からの移住者が始めた。現在では李登輝元総統（同じく客家）と共同で事業を起こしている客家もいる。
「沖縄客家協会が出来たのは県の客家大会推進シンポジウム（*）がきっかけですよ。僕もあまり意識しなかったけど、あれから興味を持って行く先々で客家について調べるようになった。故郷の新竹はもちろん客家人が多いけど、桃園は七対三、屏東は五対五くらい、台東も客家人が多い。沖縄の宮古島にもいますね」

このシンポジウムに先立って沖縄崇正会が設立され、沖縄在住の客家約三〇人が集まった。しかし、その後の積極的な誘致活動にはつながらなかった。

沖縄には現在、華僑の会が四つ存在し、中国系、台湾系に分かれている。客家もこれらの会に溶け込んでいる。林国源氏も沖縄客家協会会長、琉球華僑総会名誉会長を務めているが沖縄では客家と年続けている東亜旅行社の林国源会長に話を聞いた。林氏は沖縄客家協会会長、琉球華僑総会名誉会長でもある。一九五四年、台湾・新竹生まれの客家。三歳で台北へ、十四歳の時に沖縄へ移り住んだ。

「おばあちゃんが客家語しかしゃべれないので、子どもの時から家では客家語、学校へ行ったら普通語（標準中国語）だけど、どっちみち言葉が似ているので問題無し。外では台湾語。沖縄ではウチナー口（沖縄語）と日本語、だから僕は言葉は五つしゃべれます。」

「沖縄の客家人は十数家族しかいないんじゃないかな。レストラン、旅行業、家具店、医者。台湾旅行を扱う代理店は四つあるけどそのうち三社の社長は客家です。第二次世界大戦中は台湾から沖縄へ来る客家人はいませんでしたね。ビジネスに結び付かないと来ない。だんだん沖縄が復興してきて六〇年代以降に移り住む人が出てきた。八重山の方が（移住の）歴史は長いですね。」

しての特別の活動はない。むしろ台湾の方が注目し、客家委員会の参加メンバーとして遇している。

沖縄には久米三十六姓の流れを汲む久米崇聖会《そうせいかい》がある。歴史は古い。一九九八年の時点で集まった客家たちは、沖縄崇正会《すうせいかい》と称した。これは日本本土の東京、大阪、名古屋にあった崇正会に合わせた命名であった。崇聖会と崇正会は名前の類似自体が客家とのつながりを窺わせるが、冒頭で記したように阮氏のみが末裔の可能性がある。沖縄崇正会という名前は久米崇聖会と紛らわしいため次第に使われなくなり、沖縄客家協会の名のみ残っているのではないか、と推測している。

＊一九九八年三月十七日、宜野湾市の沖縄コンベンションセンターで「世界客家大会沖縄誘致シンポジウム」が開催された。基調講演は客家研究家の林浩氏、スライド上映の後、パネルディスカッション。檀上には邱進福（日本崇正協会会長）、重光雅広（同会幹事長）、郭承敏（沖縄大学教授）、林国源（沖縄崇正会幹事長）の各氏。司会は当時青山学院講師をしていた緒方が務めた。この模様は現地の琉球新報、沖縄タイムスで大きく取り上げられたほか朝日新聞西部本社版で紹介された。さらに新華社通信を通じチャイナニュースやバンコクの華僑紙でも報じられた。
これは四年後（つまり二回先）の世界客家大会を沖縄に誘致しようという趣旨であった。シンポジウムの中で「二〇〇二年の世界客家大会を日本に呼ぶ、開催地は沖縄とすれば良い」（邱進福氏）という助言も得られた。（平成九年度　国際コンベンション都市形成事業調査報告書―世界客家大会の沖縄開催へ向けて―より）

第Ⅱ部　生活と習慣

第十一章　家族と親族

客家の家族と親族

客家は「一族の絆が強い」であるとか、「祖先を中心にまとまっている」と言われるが、確かに彼らと生活を共にしていると、日常生活の多くの場面で家族[注1]や親族を思い起こさせる出来事がある。たとえば村の中に一族の祠堂がある地域は多いし、家屋のなかに祖先の位牌が置かれていることも珍しくない。結婚式や祭祀の責任者などといった冠婚葬祭の当番はもちろんのこと、基金の集め方や個々人の名前に至るまで、実に日常生活の至る所に家族、親族的な「つながり」が垣間見られる。

写真11－1　久々に会った近しい親族関係（堂兄弟）における茶会の様子（2017年1月、小林撮影）

客家社会がもつこのような家族、親族的な関係は宗族《そうぞく》と呼ばれる。宗族とは祖先を中心にまとまった社会集団のことで、理念的には父方の系譜、つまり父系のラインをたどって集団のメンバーシップ（成員権：誰が自分と同じグループか）を決める。宗族は祠堂、族譜（漢族の家系図）、場合によっては族産（一族の土地、田畑、家畜、利権など）をもっていて、村落社会だけでなく、中国内外にも父系で結ばれた

（1）客家の家族と親族の話をより正確に理解するため、日本（語）と中国（語）における〈家族〉という語の使い方に注意を払っておきたい。日本語と中国語は同じ漢字を使うため誤解を招きやすいが、日本語の家族にあたる中国語は「家庭（ヂアティン）」や「房（ファン）」といったもので、中国語で「家族（ヂアズ）」と表記した場合、それは日本語の一族、氏族を指すことになる。では日本語の家族は中国の家庭（ヂアティン）や房（ファン）と同じかと言えば、厳密には異なる。日本社会の家族と中国（客家）社会の家庭（ヂアティン）は簡単に翻訳できる関係にはない。

ネットワークを構築している。ただ、これは何も客家に限った特徴ではなく、ひろく漢族社会一般にみられる特徴でもある。

「客家の故郷」に隣接する閩南《びんなん》系、潮州《ちょうしゅう》系、広東《かんとん》系の漢族も、客家同様に宗族という父系で結ばれた家族、親族的なつながりをもっている。そのため家族、親族組織のあり方から客家だけの特徴を見出すことは非常に難しい。しかし同じ宗族であっても、現実社会におけるその「現れ方」は少しばかり異なってくる。それはたとえるならば、同じ楽譜を演奏してもピアノとバイオリンの音色が違うように、同じ宗族という組織であっても客家は、中原をより強調したり、中原からの経由地を明確に記した族譜を用いて一族の「歴史」を語ったり、山の民であることや、他者よりもより漢族的であることを強く意識していたりする。

祠堂と位牌、墓と骨

客家社会において彼らが家族、親族を強く意識する機会は少なくないが、とりわけそれが顕著に現れ、また大々的に行われるのが祖先祭祀であろう。これは位牌が並ぶ祠堂にて行われる祖先崇拝と、墓の前で行われる祖先崇拝に大別できる。両者はともに祖先崇拝という意味では同じなのだが、異なる意味や機能をもつことがある。例えば、福建省永定県において、祠堂は一般的に、一族すべての成員の名前が刻まれた位牌（あるいは個別の位牌が集められたもの）があるのに対し、墓は特定の個人（あるいは夫婦）の骨が埋葬された場所である。前者が一族における「統合」の象徴として働くのに対し、後者は一族における「差異」の象徴として働いているといえる。(注2) 他方で、広東省梅県では、村を切り開いた祖先とその子孫の位牌を祠堂で祀っている。そして、それより上の世代

(2) 一族のなかの「統合」と「差異」(調和と競争) という二つのベクトルが存在することは、風水という民俗知識の実践でより鮮明に現れると、M・フリードマンなどは主張する。具体的には『中国の宗族と社会』(弘文堂、一九八七年) の「第五章 風水と祖先崇拝」などを参照のこと。

の複数の祖先を一つの墓に合葬し、一族全員で参拝することもある。いずれにしても、祠堂は「陽」、墓は「陰」という対称的な概念と対応している。これは漢族社会の死生観、風水という民俗知識とも関係している（➡第十三章、第十九章参照）。

客家の祠堂に関してもっとも典型的かつ象徴的な事例を紹介しよう。それは第四章でもとりあげた寧化・石壁にある客家祖地においてなされるものである。祠堂は一般に、一族（その地域の一族、たとえば村落）の成員すべての位牌が並ぶ場であるが、客家祖地におけるそれは複数の氏族の位牌が並ぶ「異様」な光景となっている。李氏、江氏、林氏、劉氏……と様々な位牌が並ぶなか、中央最奥には「客家始祖神位」と書かれた位牌が置かれている。(注3) つまり客家であるわれわれは、元をたどれば同じ共通祖先（あるいは非常に近しい関係にあった状態）から分かれたものであり、中原から逃れてきた民としての歴史を共有しているということが示されているのである。この建物は「客家公祠」と名付けられているが、まさに客家というエスニックグループを統合する象徴として祠堂が使われている好例といえよう。

写真11－２　客家祖地にはおよそすべての客家の姓の位牌が祀られている（2014年2月、小林撮影）

では墓はどうであろうか。墓は個人（あるいは夫婦）を単位として造られるが、一族にとって中心的な祖先の墓と、今生きている人の祖父母世代の墓では、その参加の仕方が異なってくる。福建西部では一族の中心的な人物の墓は、一族の複数の系譜か

（３）二〇〇九年にこの地を訪問した際は、「客家始祖神位」という位牌のみであったが、二〇一四年にはその位牌の前に、（炎帝と黄帝と思われる）二つの人形が置かれていた。これは客家の始祖が炎帝、黄帝に連なる中原からの系譜を継承しているという主張を意図したものと思われる。

ら、「頭家《トウヂア》」と呼ばれる当番が決められ、祖先祭祀を行うことが多い。数世代、あるいは十数世代も前の祖先であるため、多くの参加者が祭祀に訪れる。一方、近しい世代の墓に対しては、（いわゆる日本の家族程度の規模である）「房《ファン》」というグループを基準として祭祀が行われることが多い。春節や清明節の折に、各「房」は自分たちだけの祖先を祀り、自分たちが一族のどの世代からどのように分かれていったかを再確認する。これはつまり、一族のなかで自分たちの差異化をはかる行為でもある。

族譜と名前（輩字）

客家社会において、族譜は一族の来歴を「正確」に記したものとして認識されており、その淵源は中原へと通じている。墓の祭祀の際にも触れたが、一族にとって中心的な祖先と自分の祖父とでは、祖先に対する認識も異なってくる。族譜にはもちろん自身の祖父など、記憶としての祖先も記載されているが、やはり客家というエスニックグループとして重要なのは、まったく面識をもたない記録としての祖先の方である。なぜならば、その記録としての祖先が、中原と自分とをつなぐ物語を紡ぎ出してくれる存在なのであり、彼らが客家であるということを示す証となるからである。

写真11－3　墓参りでは、自身と家族（房）、親族との関係性が再確認される（2017年2月、小林撮影）

族譜を紐解くとすぐに分かることだが、堂兄弟（兄弟と父方の従兄弟など、父系出自集団における同じ世代の男性）は、名前の一字に同じ漢字をあてていることが多い。これは「輩字（字輩とも）」と呼ばれ、自身の系譜と世代を示す一字となっている。具体的にいうと、客家社会のある男性の名前が「李☆海」だったとする。この☆の部分が「輩字」であり、李☆海の兄弟は李☆山、その父方のイトコは李☆川、その父方のハトコは李☆空といったぐあいに名前の一字に☆という文字を持つことになる。つまり逆に言えば、☆という文字が名前のなかに入っている場合、それは同じ世代で近しい系譜の者たちだというように認識されるのである。

この「堂兄弟」は、日常生活の様々な場面で、実質的な意味をもつ。たとえば、ある堂兄弟だけで秘密にしている甘い柿林の場所があったり、堂兄弟が出資しあって共同で自動車を購入したり、またかつて福建省永定県では堂兄弟が土楼のなかの一部の区画を占有したりなどしていた。このように客家社会において堂兄弟という、近しい系譜をひく同じ世代の仲間たちは、一番身近で重要なグループとなる。では女性はどうだろうか？　これまで女性についてはあまり述べられてこなかったが、女性もまた輩字をもつことがある。

女性と宗族

客家地域も多様であるため、一般化することはできないが、筆者（小林）が調査した福建省永定県一帯ではかつて婚姻後、女性が「名前」を変更するという慣習をもっていた。（注4）客家に限らず漢族の男性は、名前の一字に輩字をもつことは先に触れた通りだが、当該地域では婚姻後、この男性の輩字に合わせて女性が名前を変更するということがあった。たとえば先に登場した、李☆海という男性の場合、輩字は☆の部分であったが、女性はその☆に対応する一字、たとえば◇を婚姻後もつようになる。そのため輩字

（4）現在（二〇一九年）では、身分証明書の名前の変更手続きが面倒くさいということで、ほとんど行われなくなってしまったが、少なくとも一九七〇年代までは続けられており、中華人民共和国成立後や文化大革命中も続いていた。

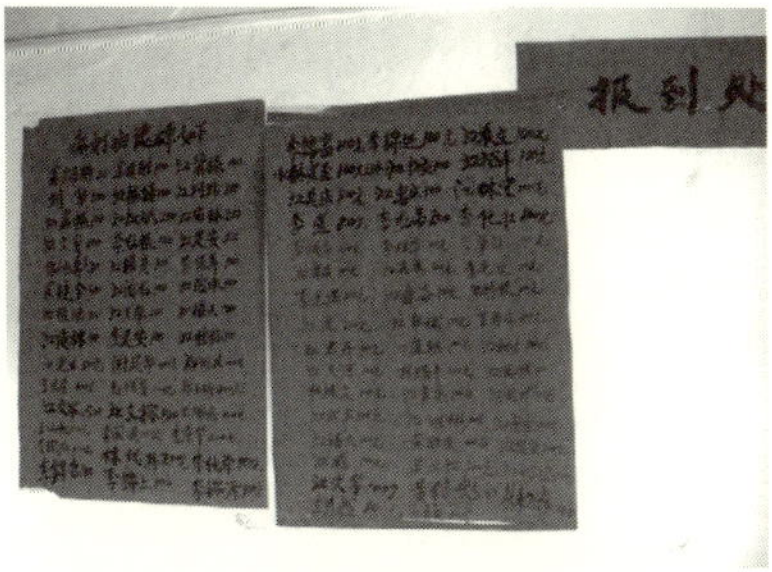

写真11－4　寄付者一覧として名前が貼り出されるが、同じ村人であれば輩字から系譜と世代が推測される（2010年7月、小林撮影）

写真11－5　女性祖先を単独に祀る墓（2016年8月、河合撮影）

に☆を持つ男性の妻は皆、名前に◇を持つことになり、女性であっても夫の堂兄弟に対応する形で、妻バージョンの「堂兄弟妻の会」というようなグループが作られるのである。これはあくまで客家地域の一部の事例に過ぎないが、女性であっても父系的な関係性が顕著に現れていることがここから窺える。

さて、ここまで客家社会における宗族的特徴を述べてきたが、これは一見すると男性の方が圧倒的に社会的な影響力が強いと映ってしまったかもしれない。しかし実生活においてはそうとも言い切れない場面が多く存在する。客家社会の家庭のなかにいると、夫婦喧嘩では女性の方が強い場合もあるし（激しい場合、男女とも包丁を握っての喧嘩になることもあるし、女性の側が社会的賛同を多く得ることもある）、たとえ腕力で負けたとしても、突然姿をくらますなどの「仕打ち」をして、夫を困らせたり（反省させたり）する場面を筆者は何度も見てきた。そう考えると、男性が常に女性よりも優位な立場にあるという見方は崩れる。むしろこう考えた方がよいだろう。男性は系譜を考えるときの座標軸のようなものであり、女性はその座標のなかに対応するものである、と。そのため男性の意義は、村落社会、あるいは宗族社会のなかの基準（あるいは格子・グリッド）という意味では優位ではあるが、生活レベルでは極端に優遇されるというわけではない。実際、生まれてからずっと同じ村落に居続ける男性に比べ、実家や姉妹の嫁ぎ先といった広範囲にわたるネットワークを有している女性は、家族内で大きな影響力を持っていることがある。[注5]

客家社会と父系の物語

日常的な些末な出来事から一族全体にかかわる行事まで、家族、親族的な関係性は意識される。またこれに加えて、日常的な接触は少ないが、「親房」という、（日本社会的には）「遠くも近くもない親戚」を指すような父系の関係も時々登場する。たとえばそれは、「あそこの村はもともとこの村から移住していった者たちなんだ。だから彼らは親房だよ」、「この村は三つの地域に分けることができるが、もともとは三兄弟が分かれていったんだ」というような語りのなかに出てくる。[注6]

彼らの語りが本当に史実であるのかどうかは分からない。しかし遠い昔、兄弟であったという語りがなされ、そこで父系というルールを共有しているということに注意を向けたい。彼らのなかで兄弟（堂兄弟）である（あった）ということは、確固たる歴史として「裏付けられた史実」なのであり、重要なのはこのような彼らの歴史が父系のルールでもって説得的に語られるという部分にある。客家の中原起源説（➡第一章参照）もまた、て客家が客家であること、つまり父系のルールに従ってかつて中原を支配した黄帝《こうてい》、炎帝《えんてい》の神話につながっており、客家であることと父系の物語は不可分なのである。

（5）広東省東部の梅県や蕉嶺県などでは、女性を単独で祀る習俗が残されている。かつては男性始祖の墓を参拝せず、その妻の墓だけを参拝するケースもあった。

（6）村の成り立ちを系譜の関係で語ることは非常に多い。たとえば高頭村（の高東）では改革開放以前、二つの村同士が対になって相互扶助の関係性をもっていた。そしてその二つの村のセットはかつて兄弟であったという父系の物語によって説明される。

第十二章　年中行事と祭り

年中行事とは、毎年特定の時期に催される行事を指す。客家の年中行事は基本的には他の漢族と大きく変わらず、春節（旧正月）から始まり、清明節、端午節、中元節、中秋節、重陽節、冬至などの伝統行事を過ごす。(注1) 大半の客家はこれらの年中行事をおこなっており、その内容も他の漢族と共通点が少なくない。ただ同じ客家といっても地域により、さらには各宗族により多様性が大きい。たとえ同じ地域であっても、ある宗族は元宵節を重視し、ある宗族は冬至を重視するという状況もみられる。また年中行事の際には、一般的に祖先崇拝や芸能などをともなう「祭り」を開催するが、その内容も一様ではない。しかしながら近年の客家地域では、特定の年中行事を客家の特色として、観光資源化したり、新たな演出を創り出したりする動きも顕著になっている。

漢族としての年中行事

漢族社会の伝統的な年中行事のなかでも、春節と元宵節には多くの財と労力が注がれるが客家社会も例外ではない。ここでは広東省の梅州（➡第三章参照）と福建省永定県の事例を中心に、客家社会における漢族的な年中行事の一例を紹介しよう。

春節は旧正月とも呼ばれ、一年の始まりを祝う行事である。旧暦一月一日が元日であるが、一般的にはその前後の数日間が春節の範囲に含まれる。例えば、梅州（梅県）で

(1) 二〇〇八年から中国政府は、清明節、端午節、中秋節を法定休日と定めた。漢族社会において、清明節は二十四節期の五つ目、清明の季節で、墓参をする慣習がある。端午節は旧暦の五月五日。中秋節は旧暦八月十五日、日本における中秋の名月の中秋にあたる。重陽節は旧暦の九月九日におこなわれる。

は、旧暦十二月二十三日のカマド送り（台所の神を天に送る儀礼）から春節が始まり、旧暦一月七日まで続く。地域によっては、旧暦一月十五日の元宵節（小正月）をもって春節を終わりとするところもある。

　春節では、さまざまな行事がなされる。梅州市の都市部では、カマド送りが終わったあと、大掃除をし、春聯を替えたり、灯籠をつけたりと忙しく過ごす。この時期、出稼ぎに行っている家族が戻ってきて、手伝うことも少なくない。そして旧暦十二月三十一日には家族で集まり「団結飯《トゥアンジェファン》」をともにする（写真12‐1）。団結飯の料理は特に決まっていないが、縁起のいい料理をつくることが多い。元日（初一）になると、午前中に祠堂に行き、一族で祖先崇拝をする。二日目（初二）は嫁が実家に帰る、三日目（初三）は「窮鬼日《チョングイリー》」（大掃除）などの決まりがある。七日目（初七）は七草粥を食べる習慣があったが、この習俗は都市部を中心に薄れている。[注2]

写真12‐1　梅州市のある家庭における団結飯。遠方に暮らす家族が集まり一緒に過ごす（2008年2月、河合撮影）

　他方、永定県では、梅州と同じく春節時は家族が集まり各家族で豪華な食事が用意されるが、特に「魚」を食べることが多い。これは漢族社会でも広くみられる慣習だが、（食卓に）魚があることを「有《ヨウ》魚《ユィ》」（「有余《ヨウユィ》」と同じ発音）といい、お金や生活にゆとりがある意味と重ねられる。当地域は山間部なので、海水魚ではなく淡水魚が食べられる。

　春節の様々な行事は元宵節（小正月）まで続くのだが、七日目（初七）の頃から各家庭が墓参を始め

（2）台湾南部六堆地域は、梅県からの移住者が主であるが、その春節行事は多少異なる。台湾南部の客家による春節行事については、渡邊欣雄『漢民族の宗教』（第一書房、一九九一年）に詳しい。なお、春節の始まり、つまり旧暦一月一日は月齢に基づく。元宵節は新年になってはじめての満月の日となる。

る。この時期を過ぎると、山々から墓参りの爆竹の音がきこえだし、人々は春の訪れを感じる。永定県では元日（初一）よりも元宵節の方が、爆竹や花火などを用いて盛大に祝う村落が多い。

同じく、梅州の客家地域でも（もっとも潮州地域でもそうであるが）元宵節に盛大な祭りをおこなう。ただし、梅州では春節期間中に必ずしも墓参りをするわけではない。

梅州では、旧暦四月五日の清明節と旧暦九月九日の重陽節は墓参りをおこなう日となっている。個人墓である場合は、遠くの山にある数世代上の墓に参拝することもある。その際には、多くの宗族が老若男女のグループで参拝にでかける。そのため実質的には、四月や九月のなかで、比較的一族が集まりやすい休日に参拝することが多い。近年は火葬化が進み、公共墓地へ参拝するケースも増えてきている。寺院や廟が管理していることもあり、祖先崇拝のあり方も多様化している。一方、キリスト教となった客家のなかには、こうした参拝をしない人々がいる。しかし、マレーシアのサバ州やタヒチのように、キリスト教徒となっても清明節の祖先崇拝を続けている場合もある。

写真12－2　台湾・新竹の義民廟に供えられた豚など（2007年8月、飯島撮影）

その他、客家がおこなう年中行事として、端午節、中元節、中秋節が挙げられる。端午節には粽をつくって交換し[注3]、中元節には寺廟などで施餓鬼《せがき》[注4]をおこない、中秋節には家族が集まり月餅を食べるなど、基本的な慣習は他の漢族社会と大きく変わらない。ただし、台湾北部の新竹県新埔鎮にある褒忠《ほうちゅう》義《ぎ》民廟《みんびょう》では、中元節に豚を神に供える盛大な祭りがおこなわれてきた

（3）端午節は楚（現在の湖北省・湖南省一帯）の詩人、屈原に因んだものとされる。国の将来を悲観し、入水自殺した屈原に対し、人々が魚に屈原の遺体が食べられないよう、粽を投げ入れたり銅鑼や太鼓で騒ぎ立てたりしたことに由来するといわれる。梅州では以前、ドラゴンボートレースをしていたという記録が残っているが、現在では沿岸部の広州や潮州と比べると少ない。ただオーストラリアやタヒチなどオセアニアの客家は、端午節にドラゴンボートレースを楽しむことがある。端午節は一般的に各家庭で粽を包み、祠堂で祖先崇拝をする。

（4）中元節は日本社会における「お盆」に相当する。ただし、旧暦七月十五日に催される。祖先の霊も現世へと戻ってくるが、それ以外の霊も「この世」にやってくる。そのため祖先以外の霊を慰めるために様々な儀礼や「施し」を行う。

（写真12‐2）。台湾の場合、新竹県の義民廟が有名で清代、林爽文の乱（一七八六年）が起こった際、客家語圏に祖籍を持つ人々がこの乱の平定に尽くして戦死したことを悼んで建てられたとされる。（注5）

客家の特色とされる年中行事

客家の年中行事は基本的に他の漢族のそれと共通しており、また客家社会内部の多様性も大きいため、およそ客家だけに特徴的な年中行事を見出すことは難しい。しかし、客家地域の年中行事であるということからそれが「客家の特色」であるとみなされることが往々にしてある。

まずは福建省の客家地域における例をみていくとしよう。客家の年中行事は多様であり、たとえ同じ省、同じ県であったとしても、山を一つ越えるとまったく異なる年中行事が存在していることが多々ある。例えば永定県湖坑《ここう》鎮東部では、旧正月の時期（二日～七日の間）、複数の村落が保生大帝を祀る行事を行うが（➡第二十章参照）、湖坑鎮西部では別の祭祀が開催される。両地域は三年に一度、旧暦九月に村々が連合して「作大《ツォダー》福《フー》」という大祭を行うが祭祀内容は鎮の東西で異なっている。（注6）

漢族同様に客家地域でも龍の舞は各地でみられるが、福建省連城《れんじょう》県姑田鎮の龍は「大龍《ダーロン》」と言われ、大きくかつ非常に長い龍として知られている。二〇一二年にギネス記録を更新したというその龍の隊列は、なんと最長で一・五kmにも及ぶという。（注7）こうした特徴のある行事は、客家の特色として語られることが多い。閩西《びんさい》（福建省西部）の行事として避けることができないのが、長汀県の「閙春田《ナオチュンティエ》」と、閩西各地の「走古事《ゾウグーシー》」であろう。閙春田も春節明けの頃（旧暦一月十二日～十四日）に行われるのだが、関羽の

（5）劉還月『台湾民間信仰小百科（廟祀巻）』協和台湾叢刊四〇（台原出版社、一九九四年）。なお、なぜ新埔にこの廟が建てられたのかについては逸話がある。現地で話を聞いたところによると、元々ここの犠牲者の遺体は現在廟がある場所とは別の所に埋葬される予定だったのだが、この地に亡骸を積んだ牛車が通った時、どうしても車が動かなくなったという。そこで犠牲者がこの場を「選んだ」のだと判断し、人々はこの地に廟を建てたという。義民祭は、どの客家地域にもある祭祀ではないが、近年は「客家の祭り」としてその規模が次第に大きくなっている。

（6）同じ湖坑鎮の西部でも三年に一度、旧暦九月に「作大福」という大祭を行うのだが、これは李氏一族が中心となる。このように同じ周期・時期であっても、異なった祭祀対象であったり、主催組織が違ったりと

像を乗せた「神輿」を田んぼの真ん中まで担ぎ出し、そこでぐるぐると勢いよく回る。田んぼに足をとられ、担ぎ手が転ぶまで回り続けるさまは雄々しい。また「走古事」の行事では、化粧を施し伝統的な劇の衣装に身を包んだ子どもたちが、「神輿」に担がれ、街中を練り歩く（時に走る）。「走古事」でよく知られているのは、福建省連城県の羅坊《らぼう》地域だが、永定県の撫市《ぶし》、陳東《ちんとう》地域でも装飾した車列や人々が隊列を組んで街中を巡回する行事がある。陳東地域では「四月八」と呼ばれ、その名の通り旧暦四月八日に行われる。なお、広東省でも五華県の綿洋鎮などの「走古事」が知られているが、こちらは秋に開催されることもある。

　これらの年中行事は、福建省西部や広東省東部ですら普遍的にみられるわけではない。しかし、客家地域における特色ある行事として客家の年中行事として宣伝されることもある。

写真12-3　陳東の「四月八」の様子
（2010年5月、小林撮影）

　他方で、複数のエスニック集団が混住している地域においても「客家的な特色」が意識されることが少なくない。ここでは香港の「舞麒麟《ウーチーリン》」（以下、麒麟舞《きりんまい》）の事例をみてみよう。(注8) 香港は移民が混住する都市であるが、西貢の地は客家が多い地域として知られている。西貢坑口区は数百年前から客家の村落があったとされるが、彼らは春節時に麒麟舞という演舞を行ってきた。同地では二〇一三年に「香港西貢坑口区伝統客家麒麟協会」を設立し、伝統的な麒麟舞の保存活動に力を入

いう様相がみられる。

（7）雑誌『照相机』二〇一五年六月「行撮天下」の記事などより。

（8）ここで言う麒麟とは、中国の伝説上の霊獣のことを指す。体つきは馬のようであり、顔は龍のようであるとされる。動物園でみられるキリンとは異なり、キリンビールのデザインでお馴染みの、あの空想上の動物を想起されたい。

れている。もちろん同地の麒麟舞の中心的な担い手は客家であるのだが、興味深いのは、香港にはほかにも海陸豊系の麒麟、そして東莞系の麒麟も存在しているということである。

海陸豊系の麒麟、東莞系の麒麟、そして客家系の麒麟はそれぞれ表情が若干異なるとされる。海陸豊系の麒麟は青と緑を基調とし、角が高く迫力ある造形で魅了する。東莞系の麒麟は赤と緑を基調としたもので、鳳凰、鯉や玉書など吉兆を表すものがあしらわれており「麒麟送子《チーリンソンズ》」(注9)の物語を表している。そして客家の麒麟は額上部が凸型の形状をしており、八卦、「福」「囍」の字が施されていたりする。このように同じ香港という地域においても、それぞれのエスニック集団ごとに若干の相違がみられる。何を客家の特徴とすべきかという問題は、このような客家以外のエスニシティとの接触において顕著に現れる。

興味深いことに、麒麟および麒麟舞は、華僑華人社会においても客家のシンボルとなることがある。(注10)とりわけ、宝安(深圳《しんせん》の前身)・東莞・恵陽一帯の出身者が多いマレーシアのサバ州やベトナムでは、麒麟が客家のシンボルの一つとなっている。サバ州では年に数回のサバ客家大会を開催する時、獅子舞でなく麒麟舞で祝う。ベトナムのホーチミンに建設された客家の聖地・観音閣(➡第八章参照)でも、観音像の前に座しているのは獅子ではなく麒麟である。移民後も、地域によ

写真12-4　第29回世界客家大会(香港)時に使用された麒麟の頭部(2017年10月、河合撮影)

(9) 孔子が誕生する前に麒麟が姿を現したという伝説から転じて、(素晴らしい)男児が誕生するという吉祥の意。

(10) 国立民族学博物館(大阪府吹田市千里万博記念公園)の中国地域展示場では、アメリカから収集した客家の麒麟が展示されている。

っては、麒麟舞は客家の特色とされ、年中行事でも使われる。だが、客家の本拠地とされる梅州や永定では、春節や元宵節などで催されるのは、一般的に麒麟舞ではなく、獅子舞や龍舞となっている。

客家を代表する年中行事の衰退と創造

客家をめぐる概説書をみると、地域性を超え、しばしば客家全体の特徴として挙げられている伝統年中行事がある。その代表格が端午節、太陽誕生日、天穿日《てんせんび》の三つである。(注11)

前述のように、端午節は漢族社会においてひろく一般的にみられる行事であるが、「寧化・石壁」の項目（➡第四章参照）で説明した通り、そこでは葛藤坑の物語が語られる。ただし、現在、この習慣はほとんどみることができなくなっているうえ、地域によっては別の植物の葉を代用するなど多様性がある。(注12)

写真12‐5　東京で開催された天穿日（2017年2月、飯島撮影）

太陽誕生日は、農暦の三月十九日に太陽の誕生を祝う日である。梅県や大埔県をはじめ、この日には香を焚いて太陽を祭祀するだけでなく、『太陽経』を唱える家庭もあったという。中国の他の地域ではほとんどみられない年中行事であるため、中原の古い民俗を継承しているという理由から客家の特色とされてきた。しかしながら、門に葛藤を飾る端午節の習俗と同じく、太陽誕生日はたとえ梅県や大埔県でもすでにほとんどみられなくなっている。

このように、かつて存在したが現在は行われなくな

(11) 例えば林浩は客家の歳事のなかでも特徴的なものとして「天穿節」を挙げており、古代中原の古い慣習を残したものだと指摘する。詳しくは、林浩著『アジアの世紀の鍵を握る　客家の原像』「歳事伝承における文化意識」（中公新書、一九九六年）を参照のこと。

(12) 福建省永定県でもかつては端午節に植物の葉を門の上に飾る慣習があったとされる。しかし現在その慣習を客家の物語と関連付けて語られることはない。当地はそれ以外に、端午節で粽を作るほか、正午に一家全員、農若男女が水浴びをするなどの慣習もあったという。

写真12-6　桐花祭。桐花に囲まれた道を歩く観光客（台湾・客家委員会客家文化センター提供）

ってしまった年中行事がある一方、近年さかんに客家的行事として取り上げられるようになったものもある。旧暦の一月二十日に行われる天穿日はその一例である。(注13) 天穿日は、太古の昔に人類を創造した女媧《じょか》にまつわる神話にちなんだ祝祭日である。(注14) 中原の神話である天穿日を祀る地域は珍しくなっているが、そのなかで客家はこの日を重視してきた集団であると言われてきた。だが大陸中国では天穿日の行事をおこなう客家地域はほとんどみられなくなっていた。

ところが二〇一〇年九月、台湾政府が天穿日を「全国客家日」として認定すると、この行事は復活するようになった。近年、台湾の客家地域では、天穿日に客家山歌や甜粄《ティエンバン》（もち米を使った菓子）を用いたパーティなどといったイベントを盛大に行うようになっている。また天穿日は台湾客家移民の間で広がりをみせ、アメリカやオーストラリアの台湾系客家団体が、イベントとしてとりいれるようになってきている。(注15) 二〇一七年二月には、台湾客家移民の多い日本でも東京の池袋で天穿日が開催された（写真12-5）。

他方、伝統的には存在しなかったにもかかわらず、近年になって新たに創られた年中行事も存在する。そのなかで最も有名なのは、台湾の桐花祭であろう（写真12-6）。かつて台湾の客家居住地域であった台三線沿線（➡第七章参照）では油桐樹が広範に植えられていた。それゆえ客家委員会は、日本の花見（中国語で「桜花祭」と呼ぶ）を参考とし、客家

（13）この行事は、次のような神話をその背景としている。太古の昔、女媧という神が泥で人間を創っていた。そのころ共工という水神が天下の覇権をめぐり、火の神と対立していたが、争いのなかで共工は不周山にある天を支える柱を折ってしまった。天には大きな穴が開き、大地を覆うほどの大雨が降り、大洪水となった。女媧は自分が創った人間たちが水難にあうのを悲しく思い、旧暦一月二十日に、五色の石を用いて、その共工によって穿たれた天の穴を塞いだ。人々は女媧の行いにいたく感動し、以来、その日を天穿日とし、女媧に感謝する日と定めた。

（14）神話ではこの時に共工が柱を折ってしまい天地が西北に傾いたため、大陸を流れる河川はみな、西北から東南へ流れるようになったとされる。なお、ここで語られているものは、『淮南子』で伝えられる話を主とした物語であるが、これも書

文化産業の一環として桐花祭を始めた。桐花祭の時には、花の鑑賞だけでなく、桐花音楽会、桐花文学会、桐花の撮影会などが催される。また、客家委員会が桐花観光と関連した観光計画を出す補助金を沿線の村落に与えたことにより、この行事は次第に大きくなっていった。例年、桐花祭は統計上数百万人の観光客を集め、数百億台湾ドルの収益を生み出しているという。

以上でみてきたように、客家地域では漢族が一般的におこなう年中行事のほか、客家の特色とされる年中行事が新たに創られることにより、さまざまな祭りが催されるようになっている。もちろん客家が開催する年中行事はこれだけに限られない。その中では、客家山歌、八音（楽器の演奏）、獅子舞、龍舞、麒麟舞など、さまざまなバリエーションを伴う芸能イベントが催されている。(注16)

物によっては一様ではない。
(15) 例えば、ここ数年、アメリカの大ニューヨーク客家会、ブリスベンのオーストラリア・クイーンズランド客家会などで、天穿日の行事が始められている。
(16) この章では、広東省、福建省、台湾を中心に挙げたが、南太平洋のタヒチでも、春節、元宵節、端午節などの年中行事が催されており、さまざまな芸能イベントが催される（➡コラム③参照）。このように、世界をみわたすと、客家の年中行事はより多様化している。

第十三章　人生儀礼とジェンダー

年中行事と同じように客家社会における人生儀礼は、漢族社会とそれほど大きな違いはない。また客家社会の一部の地域に特別な儀礼や祭祀が見られたとしても、それがそのまま客家社会全体の特色と言い切ってしまうことはできない。さらに大陸中国の諸地域と同様に、一九五〇年代以降の社会的状況、とりわけ文化大革命によって多くの慣習は一度「断絶」されてしまっている。そのため現在、客家社会において人生儀礼として伝統的とされているものが、どの客家社会にもみられるとは限らない。しかしそれでもなお客家的とみなされる儀礼、客家の歴史と結びつく慣習は存在している。本章ではそれらのいくつかを、具体的な事例を踏まえつつみていくことにしたい。

妊娠・出産習俗

はじめに人生の始まりである出生にまつわる儀礼からみていくことにしよう。現在はライフスタイルが変化し、病院出産が一般的になっているので、妊娠・出産に関する慣習も変化してきているが、伝統的には出生後にいくつかの儀礼を行う。なかでも客家社会によくみられるのが、「坐月《ツォユェ》」と「上灯《シャンダン》」であろう。出産直後の女性は約一カ月間、「坐月」という期間をもうける。これは母体を休めるための慣習であり、この時期に女性は髪を結いあげ、頭を洗ってはいけなかったり、冷たい水で顔を洗ってはいけなかっ

写真13－1　マレーシア・サラワク州のカチャンマ（kachangma）。「坐月」の期間に食す（2017年5月撮影、Daniel Chew提供）

たりと決まりごとが多い。また生野菜や冷めた食事、羊肉、麦飯も避けるべき対象だとされる。大陸中国や台湾では「坐月」の期間中、鶏を娘酒《ニャンジウ》（もち米で作った酒）や生姜などで煮た「鶏酒《ジージウ》」〈ゲイジウ〉を食す習慣がある。（注1）これに類似した習俗は、東南アジアやオセアニアでもみられる。（注2）

後産の処理に関しても独特の方法がとられる場合がある。福建省永定県では、胎盤は霊的な力をもつ「胎神」が宿るとされ、妊婦の体調が悪いときは胎神を静めるため「十三味《シーサンウェイ》」という漢方薬を飲んだり、「安胎符」というお守りを身につけたりするなどし、大変に気を遣う。そのため後産（胎盤）の処理も適切に行わなければならない。現在は病院で出産するケースがほとんどなので胎盤は病院にて処理されるが、かつては地域ごとに特別な意味が込められていた。永定県のある客家地域では、胎盤を（新生児の分身に見立て）あたたかい竈の近くに埋めたり、また同県のある地域では男児が生まれた場合は門の内側へ、女児が生まれた場合は門の外側へ胎盤を埋めるなど、男女で胎盤の処置を異にし、（男児は村にそのまま残り続けるが、女児はいずれ婚姻を期に村を去るという）異なる意味を込めていたりした。

出産からちょうど一カ月後に「満月《マンユェ》」のイベントを迎える。「満月」は道士先生（道教に精通した宗教者）を呼ぶような宗教儀礼的な要素はないが、夫側と妻側の家族が一堂に会する大事なしきたりである。これも地域によって異なるであろうが、一般に夫側がホスト役となり、食事や酒などを用意する。妻側は、子ども服、オムツ、玩具など養育

（1）「坐月」の習慣そのものは、中国や台湾の漢族および他のエスニック集団にもみられる。ただし、この時期に食べるものは地域やエスニック集団により偏差がみられる。

（2）マレーシアのサラワクで食されるカチャンマ（kachangma）は、もともと客家女性が「坐月」の時に食すものであった。この料理は、「鶏酒」と類似するが、さらにハーブが加えられている。また、タヒチでも出産後「黄酒鶏」という類似の食事をとる習俗がある（コラム③参照）。出産後の習俗は、移動によって現地化しても変化しにくい要素の一つのようである。

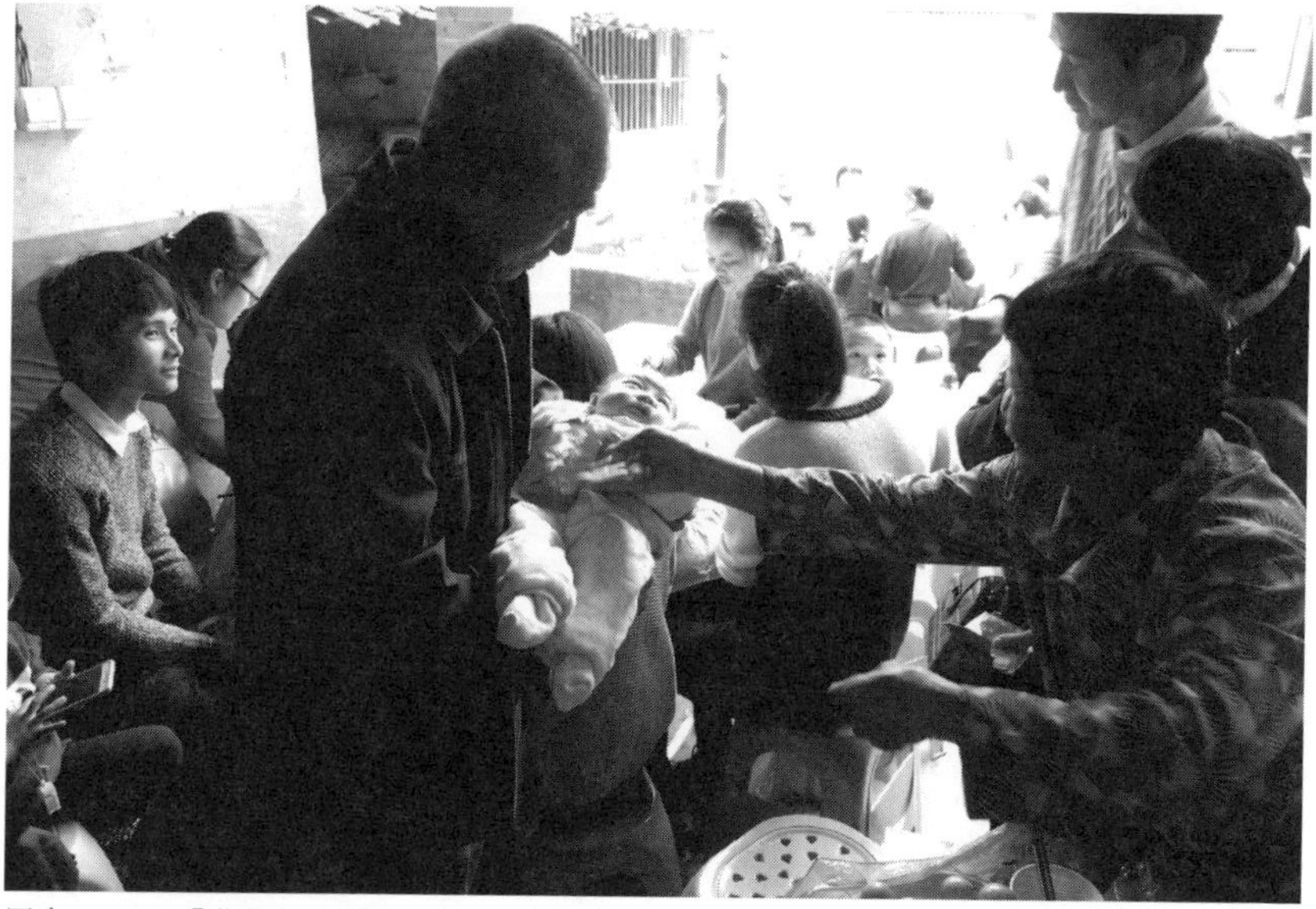

写真13 - 2　「満月」の様子。赤子が招待された母方祖父の兄に抱かれている（2016年3月、小林撮影）

に必要な品々を用意し「満月」の食事会にそれらを持参する。かつては「満月」の際に正式に子どもの名前を決めていたとされるが、現在では生まれてすぐに命名される。

　生まれた子どもが男児の場合、翌年の春節（旧正月～元宵節）の時期に、祖堂に灯り（ランタン）を吊るす。これは祖先に男児が誕生したことを知らせる意図があり、かつて男を「丁」、女を「口」と表記していた時代に、「丁」（男児）が新たに成員に加わったことを「灯」を吊るすことで祖先に報告していたという。女児が生まれた際は、「上灯」が行われることはないが、近年、男女平等の価値観や一人っ子政策の影響もあり、女児であっても「上灯」を行う家庭が増えてきている。だがやはり男児が生まれた家庭は特別な扱いを受けることが多く、儀礼や祭祀などの際は当番になる機会も多くなる。

婚姻習俗

現在は晩婚化が進んでいるが、二十世紀後半まで山岳地帯を中心とする客家地域では二十歳前後で結婚することがほとんどであった。漢族に限らず、かつては「童養媳《トンヤンシー》」という習俗が中国各地で広くみられ、(注3)梅州を中心とする客家地域でも童養媳が一般化していたとされる。童養媳とは十歳にも満たないような女児が、将来の夫となる男児がいる宗族へと嫁ぎ、そこで成人になるまで養育された後、結婚するという慣習である。一般に童養媳は貧しい家庭が婚資を目当てに行っていたとされるが、客家社会では士大夫(注4)の娘もまた、この慣習に倣って婚姻関係を結んでいたという。また男児が生まれる前から、将来の結婚相手として女性を身請けし養育する「等郎妹」という慣習も存在していた。等郎妹として嫁いだが、いつ男児が生まれるかは分からない。場合によっては男児が生まれないこともあれば、男子が生まれたころには親子ほどに年齢差が開いてしまっていることもある。結婚相手の男児がやっと生まれたが、自分は既に老いてしまっていることを嘆く歌が、客家山歌でも歌われる（➡第二十一章参照）。

また漢族社会同様、客家社会においても冥婚《めいこん》の慣習が存在していたことが知られている。冥婚とは、死者同士、あるいは生者と死者との結婚を執り行うことである。かつて経済力や政治力があった有力宗族（父系の親族集団）同士は、当時の倫理観に則り、どん

（3）童養媳は漢族社会のなかでも決して珍しくない慣習であり、苗族など非漢族地域でも報告されている。

（4）士大夫は王朝に使える階級のひとつで、科挙試験に合格した地元の有力者である。現在の日本でいうところのキャリア官僚などに相当しよう。

な状況であっても婚姻という契約を履行することが求められていた。つまり夫に先立たれたとしても、再婚せず、貞操を守ることが良いこととされていたわけである。さもなければ両親や実家の名誉を傷つけてしまうとされた。とりわけ有力者同士の結婚は、その慣習が強く意識され、幼少期に結ばれた婚姻関係は、たとえ男性が若くして亡くなったとしても容易に破棄することは出来ず、死者に嫁ぐということがあったという。

ここでは福建省武平県の事例をみてみよう。一九三〇年代、武平県県城にともに士大夫であり有力宗族である劉氏と鐘氏がいた。劉氏の少女と鐘氏の少年は若くして一族同士で婚姻関係を結んだが、不幸なことに鐘氏の子どもは十三歳の若さで夭折してしまった。しかし慣習を重んじる両親の強い要望により、劉氏の娘は十八歳の時に鐘氏へ嫁ぐこととなり、位牌と結婚式を挙げたという。(注5)

葬送儀礼

死は漢族社会において最も重要なライフイベントにあたるが、客家社会もそれに違わず盛大に行われる。客家社会内でも地域差があるので、葬送儀礼をひとくくりにすることはできないが、基本的に道士先生の主導のもと、死者を悼み埋葬するまでの儀礼が執り行われる。その際、死者の父系親族は白い衣服を身にまとい、姻戚や地域住民といった人々は葬儀の期間の食事、宴席のセッティング、爆竹の準備といった儀礼の補助的作業を行う。銅鑼やラッパなどで構成される楽器部隊、葬儀参列者のための演劇部隊、その他のレクリエーションは専門職が雇われる。

近年の福建客家社会の事例から具体的な流れをみてみよう。死者は死後すぐに遺体が運ばれ火葬される。お骨が生家に戻ってくると「冥宅」と呼ばれる白い紙と竹ひごで作

(5) この事例の具体的な記述に関しては謝重光著『福建客家』(広西師範大学出版社、二〇〇五)、二三八頁を参照のこと。

写真13‐3　円形土楼の内部において、死者が祀られた「冥宅」の前で白い衣装を身にまとい儀礼をおこなう子孫たち（2012年2月、小林撮影）

られた「家」に祀られる。この冥宅は死者の死後の「家」にあたるもので、豪華絢爛たる飾りつけがなされ、死者が死後の生活に困らないような配慮がなされる。葬儀は基本的に三日間行われるが、その期間中は「冥宅」の前で実にさまざまな催しものが行われる。それらは宗教的なものに限らず、大道芸、哭き女の演劇、京劇、歌謡などと多種多様にわたる。

客家のみならず漢族社会では伝統的に、人間の魂は死後、「魂」と「魄」の二つに分かれていくと考えられており、「魂」は天上界へ、「魄」は地下界へと流れていくとされる。かつてはすべて土葬で行われていたが、現在は火葬がほとんどである。葬儀三日目の朝に遺骨を埋葬地へと移すのだが、その際に二つの魂である「魂」と「魄」をそれぞれ天と地に送る儀礼が道士先生によって執り行われる。「魂」は冥宅および紙銭（近年の紙銭はさまざまなタイプのものがあり、中国元だけでなく米ドル紙銭、家電や車型の紙銭等ある）とともに燃やされて天へ昇っていく。一方、「魄」は風水先生（風水鑑定者をこう呼ぶ）の監修のもと適切な場所へと遺骨とともに埋葬される。客家社会では広く二次葬の慣習がみられるが、これは風水思想と深く関係しているものである（➡第十九章参照）。

写真13－4　士先生の指揮のもと「冥宅」や紙銭が燃やされ天に昇っていく（2012年2月、小林撮影）

第十四章　服飾

黒づくめの服と涼帽の「伝説」

中国服飾史研究は、①漢族服飾の歴史的変遷、②チャイナドレスの歴史、③少数民族の服飾研究、が主な研究分野である。当然ながら、客家服飾はどの分野の研究対象にもぴったりとは当てはまらない。

他の章で幾度も述べられているように、客家の居住地域は実に多岐にわたっているため、「客家の服飾」を論じること自体が難しい。だが、一方で「客家独特の服飾」も喧伝されていて、客家認識にいささかの混乱を招いている。もっとも古くから「客家の服」として知られているのは、黒や紺などの質素な農作業着に、鍔《つば》の広い日よけの帽子（涼帽《リャンマオ》と呼ばれる）である（➡口絵写真参照）。ただし、中国の大半の客家地域において女性が涼帽を被るのは稀である。香港新界《しんかい》、深圳《しんせん》およびその周辺地域で、年配の女性がこれを被っているのを時折見かける程度である。また涼帽は一見して分かる通り、遮光、通風に優れていて、暑さの厳しい香港や深圳での作業に適している。そのためか、香港新界および深圳とその周辺地域では、客家でない女性も着用している。(注1)

客家研究に限らず、大陸中国で実地調査が出来るようになったのは、改革開放政策が始まった一九八〇年代半ば以降である。それ以前は、客家に関する研究は、台湾をフィ

（1）瀬川昌久『客家——華南漢族のエスニシティーとその境界』（風響社、一九九三年）を参照のこと。また、涼帽の由来については周達生「客家文化考—衣・食・住・山歌を中心に—」『国立民族博物館研究報告』（第七巻、一九八二年）にも掲載されている。

ールドとして行われていた。服飾については、わずかではあるが一九七〇年代末からの研究があるので、まずそれらを簡単に紹介したい。

　日本における客家服飾の最も早い報告は一九七八年、人類学者・渡邊欣雄と亜子夫人による台湾での衣服採取である。ただ、この時点で渡邊が採取出来たのは既に着用されていない「古装」であった。(注2) 客家服飾は、チャイナドレスのように民族衣装としては存在していなかったことが分かる。民族衣装を着た客家女性の写真は、たいがい年配のそれであることが多い。

写真14－1　涼帽を被った少女のキャラクター（2017年10月、客家タウン建設が進む深圳・甘坑小鎮にて河合撮影）

　冬用は黒地のセル、夏用は青地の木綿で、着用する際は袖を半分折り返し、その中に品物を入れ、内側にあるひもで結び、中の物が下に落ちないようにしたという。生地の違いはあるが、六〇代以上の女性は概して黒を着用していた。若年、中年の婦人は青を着用しておりレースの飾りも付けて、年代によってレースの飾り、色も異なっていた。人々の話によれば結婚して三年は新しい服を作らず、子供が二人くらい出来たころ、すなわち二十四〜二十五歳くらいの女性の服には「蘭冠」と呼ばれる装飾が胸から袖の付け根まで縫い取りされていた。(注3)

　亜熱帯の台湾といえど、冬服と夏服が分けられていたり、袖の中に物をいれたり出来る作りは和服とも通じるものがある。なお、化学染料が主流となってしまった現代からは想像しづらいのだが、天然染

（2）渡邊欣雄「客家の衣服――採集メモ」（『アジア文化』創刊号、七八・八四頁、一九七八年）を参照のこと。

（3）渡邊欣雄、前掲資料。また、渡邊亜子は一九七八年に台湾の屏東県美濃鎮（台湾南部の客家語圏）で調査を行っている。その十五年ほど前（一九六二年）まで女性は地味な色をした独特の上着（長衫：〈チョンサン〉）を着ていたというが、調査が行われた時点では既に見かけることがなかったという。詳しくは、渡邊亜子「採集メモ　長衫 Chong Sam」（『貝塚』、一九八〇年）。なお、ここで冬服の生地とされているセルであるが、元来輸入された羊毛織物で、明治末に日本にも入ってきて以来、日本でも大流行した素材だという。日本では季節の

料しかなかった近代以前、藍は最も安価な染料であったため、客家女性全体の質素さを象徴的に表すものだったのである。

勤勉さを踏襲しつつ——白い花柄の登場

民族固有の文化として服飾を論じることは避けて通れないが、客家の場合は年中行事や冠婚葬祭が主にその対象であり、具体的な服飾について論じられる事は極めて少なかった。地味な藍色や黒の服で「労働にいそしむ勤勉な女性」のイメージが繰り返し再生産されてきたが、客家が世の注目を浴びるにつれ、客家女性の服飾が新たに創られるようになったことは、興味深い。

もちろん、以前から広く知られていた藍染めの地味な農作業着の女性というイメージも依然健在である。それがキャラクター化された最も早期の事例が、二〇一〇年に筆者（飯島）が台湾で確認した「細妹〈セーモイ〉（客家語で若い女性の意味）」である。かなり大幅に漫画的なデフォルメがなされているが、明らかに藍染めの服を着ている。「細妹」以後、客家女性をキャラクター化する際、農作業着に花柄、それも白い花の柄が描かれる新たな「お約束」が確立しつつある。事の発端は二〇〇一年から台湾で始まった客家桐花祭（➡第十二章参照）で、

写真14 - 2　伝統的な藍衫（左）と現代的な客家衣装（右）の展示。後者は桐の花をあしらっている。（2013年9月、アメリカの大ニューヨーク客家会にて河合撮影）

変わり目に愛用されたというから、酷寒向きではないが、夏服では寒い亜熱帯の台湾における冬服にはうってつけだったのかもしれない。

趣旨は台湾客家の居住区が油桐の自生地区と重複するのを縁とし、桐花をテーマに各種のイベントを開催することによって「客庄」(注4)の活性化と自然保護も併せて訴えるというものである。(注5)

その後、客家女性の象徴的な服装＝藍色地に白い花柄という「お約束」が大陸中国にも伝わった。二〇一〇年に広東省河源で開催された世界客家大会でも、この「お約束」のキャラクターが登場していた。細妹の背景に描かれているのも桐の花である。これは客家女性＋白い花という方式が確立する前の、「過渡期」に位置するキャラクターと言えよう。

一方、花柄の布（➡口絵写真参照）は独自の「進化」を遂げ始めている。二〇〇九年十二月十七日の『台湾時報』は花柄の布を現代ファッションに使った服を紹介しているが、こうなると柄も白とは限らず、客家服飾とは何の関係もなく一人歩きをしているようだが、それでも客家花布《かふ》という呼び方自体は健在なのである。

民族の服飾を論じる場合、どうしても考察の対象が女性になることは避けられず、客家も例外ではない。しかしこれだけ客家＝質素、勤勉というイメージが定着すると、自然と男性の服装も「創られて」ゆくのか、藍染めの中国服を着た男性キャラクターも二〇一二年頃から登場するようになった。だが、官吏等デスクワークをする男性はいち早く洋服を着るようになったのだから、藍染めの服を着て労働にいそしむ男性というのは、多分に想像の産物と言ってもよいようである。

（4）台湾で客家の多い地域を指す。
（5）花主題網 http://tung.hakka.gov.tw　二〇一九年四月二十三日

第十五章　客家料理

客家料理とは何であるのか。この問いに答えることは容易ではない。同じ客家料理といってもかなりの多様性があるうえに、ある地域で客家料理とみなされているものが別の地域では他集団の料理とみなされるケースが少なくないからである。したがって、この章では、いくつかの地域に分け、各々の典型的な客家料理を紹介するにとどめる。紙幅の都合で全ての客家料理を挙げることはできないので、客家料理の概況と多様性を示すことを主な目的とする。

広東（東江）客家料理

客家料理のうち最も広範に知られるのが、東江客家料理である。東江とは広東省の中部から東部に向かって流れる珠江の支流であり、その流域にある河源《かげん》、恵州《けいしゅう》、東莞《とうかん》、深圳《しんせん》の客家地域を代表する料理が東江客家料理と呼ばれる（図15-1）。また、正確には韓江《かんこう》の支流である梅江の流域に位置するが、梅州の料理も類似していることから、広義の東江客家料理としての範疇に含められることがある。（注1）

東江客家料理にはさまざまな種類があるが、特に醸豆腐《ニャンドウフ》、梅菜扣肉《メイツァイコウロウ》、塩焗鶏《イエンジュージー》が代表的な料理として知られている。そのうち醸豆腐は、豆腐のなかに豚肉を入れて蒸す料理である（➡口絵写真参照）。醸豆腐は、客家が中原から南下した時に餃子の皮の材料

（1）広東省の三大料理は、「粤菜」「潮汕菜」「東江菜」に分かれており、それぞれが広東人、潮州人、客家の料理を指している。東江客家料理は、狭義には恵州を中心とする客家料理であるが、広義には広東省の客家料理全体を指すこともある。本章では、広義の定義を用いている。

図15-1：広東（東江）地図（河合作成）

がなかったため、代わりに豆腐で包んだ料理であると言い伝えられている。(注2) また、梅菜扣肉は、「梅菜《メイツァイ》」という名の漬物の上に脂肪分の多い豚の切り身を乗せた料理を指す。客家は移住を繰り返してきた集団であるため、漬物や乾物、燻製を多用してきたと考えられている。塩焗鶏は、塩分を多く入れた鶏の蒸し物である。これらの料理に代表されるように、東江客家料理の特徴としては、一般的に脂っこく、塩分が多いことが挙げられる。

梅州をはじめ広東省の東部は、発粄《ファーバン》、艾粄《アイバン》、仙人《シィエンレン》粄《バン》など、「粄《バン》」がつく料理

(2) 中国のレストランでは「客家豆腐」の名で提供されることもある。

写真15 - 1　店頭に掲げられる東江客家料理（2014年9月、梅県にて河合撮影）

が多い。[注3]だが、発粄はパンケーキのように膨らました料理で、仙人粄は形から見ると亀ゼリー（亀苓膏《グァリンガオ》）に似ており、同じ系統の料理にはみえない。では、なぜ同じ漢字で表現されているのかというと、これらは米を材料として用いていることに共通点がある。「粄」のうち「反」は「飯」の略語である。つまり、「粄」とは米でつくられた料理を広く指しているのである。東江客家料理は米を用いた料理を多用しており、地酒である娘《ニャン》酒《ジウ》[注4]ももち米からつくられている。

また、広東省東部および福建省南部の客家地域では、犬食もさかんである。民間では、犬をトーテムとする近隣の

（3）発粄のうち特に赤く染めたそれは祖先崇拝の供物としても多用される。艾粄は、ヨモギと米でつくられた和菓子にも似た菓子である。仙人粄は、仙人草をベースとしながらも米粉を入れてつくるゼリー状の食べ物である。「降火」（体の熱を冷ます）効果があるので、夏によく売られている。

（4）娘酒は、もち米よりつくられている。赤色と白色（実際には黄色がかっている）がある。娘酒は、出産文化と密接に関係している（➡第一十三章参照）

ショオ（畲）族とは異なり、客家は犬を食べることに特徴があると言われることもある。(注5)動物の内臓を香ばしく料理したものも少なくない。さらに近年では、梅州の代表的な朝食である腌面《イエンミエン》（塩分の多い麺）と枸杞湯《ゴージタン》（クコのスープ）が、広州など大都市で客家料理として売り出されるようになっている。(注6)

福建・江西・四川の客家料理

同じ中国の客家料理といっても、広東省の外に出ると、その種類や味付けは大きく異なる。福建省、江西省、四川省の例をいくつかみていくとしよう。

まず、客家のルーツの一つとされる寧化・石壁客家祖地（➡第四章参照）では、写真15-2にみるように、酒釀《ジウニャン》、擂茶《レイチャ》、焼売《シャオマイ》、糍粑《ツーバー》が代表的な客家料理として売られている。そのうち酒釀は上述の娘酒に似ているが、他は広東省の客家地域では必ずしも普遍的にみられない。擂茶は、胡麻、ピーナッツ、米などさまざまな食材が入っていている「食べるお茶」であり、後述する台湾でも代表的な客家料理として宣伝されている。ただし、擂茶は、湖南省の非客家系漢族にもあるし、広西のヤオ族が飲む「油茶《ヨウチャ》」にも似ている。そうかと思えば、寧化県では、伝統的に川魚（一般的にソウギョ）の刺身を食べる習慣もあった(注7)（➡口絵写真参照）。

江西省に行くと、料理の種類や味付けはさらに異なっている。最も客家が集中する贛州では、確かに酒釀や擂茶など隣の福建省と同じ料理がある。ただし、全体的にみるならば、江西省の客家料理は、福建省や広東省のそれに比べるとかなり辛い。小炒魚など、大量の唐辛子をつかって食材を炒めたり煮たりする料理が多くみられる。同様に、湖南

（5）実際、梅州では都市部のいたるところに犬肉料理の店がある。また、広州にも、客家が経営し、東江客家地域より犬肉を仕入れているレストランがある。

（6）ただし、枸杞湯は、潮州料理などにもみられる。東江客家料理と呼ばれるもののなかには、他の民族／エスニック集団の料理と重複するものも少なくない。香港で代表的な客家料理とみなされる盆菜も、同様である。

（7）近年は日本の刺身文化が中国にも輸入されているが、寧化では、それ以前から刺身が食べられてきた。寧化県のレストランでは今でも川魚である草魚（ソウギョ）の刺身が提供されている。刺身を食する文化は、寧化県だけでなく、広東省梅州市五華県でもみられる。

写真15 - 2　寧化・石壁客家祖地のレストランの客家料理。擂茶（右下）、糍粑（中央）、焼売（左下）、酒醸（左上）（2015年8月、河合撮影）

省の客家料理も唐辛子で味付けをしている。さらに西に位置する四川省の客家料理も辛い。ただし、こちらは山椒のしびれる辛さが特徴的である。基本的に、四川省の客家地域で食されている料理は、同省の西南官話系漢族が食す、いわゆる四川料理と大差ない。（注8）

台湾の客家料理

台湾の客家料理は、大陸中国のそれと基本的に異なっている。もちろん一部の中国の客家料理とは同じであるが、中国の他の料理（特に潮州料理）と似通ったものも少なくない。台湾で客家料理と呼ばれるものは、基本的には台湾内部の文脈において、（閩南人や原住民の地域よりも）客家

（8）ただし、近年は、傷心涼粉など、客家の「特色」をもつ料理が開発されている（➡第六章、口絵写真参照）。

写真15 - 3　台湾客家料理の一例。左が客家小炒。右の料理は潮州料理の「蠔絡」に似ている（2015年6月、新竹で河合撮影）

地域に多い飲食物となっている。

同じ台湾の客家料理といっても、南北差があるなど一様ではない。ただし、一般的に台湾では、客家《クージア》小炒《シャオチャオ》、粄條《バンティャオ》、豚足、炒鹹豚肉《チャオシェンジューロウ》、擂茶などが代表的な客家料理として売られている。そのうち、客家小炒は、豚肉、スルメ、揚豆腐、干しエビ、ネギ、セロリなどを一緒に炒める料理である。（注9）また、粄條は、米でつくった麺のことである。（注10）台湾の客家地域で食べられることの多い、豚足や炒鹹豚肉もしばしば客家料理の一つとして挙げられる。（注11）また、広東省や香港と同様に、内臓を食材とする料理も少なくない。

それに対して、豚肉を使った東江客家料理である梅菜扣肉や釀豆腐は、台湾ではあまりみられない。ただし、漬物や干し柿は、（注12）客家の移住と重ねられて、客家料理として表現されることもある。近年の台湾では、客家地域で栽培される東方美人茶も、客家の飲み物として宣伝されることがある。（注13）

東南アジア・オセアニアの客家料理

最後に、東アジア地域以外の客家料理についても簡単に触れておきたい。

東南アジアで客家レストランに入ると、東江客家料理と同じ名称や形状の料理を多くみかける。特に釀豆腐、梅菜扣肉、塩焗鶏は客家料理の定番である。例えば、ベトナム

（9）この料理は、もともと北部を中心として台湾の客家地域でみられたと聞く。台湾で最も代表的な客家料理の一つとしてみなされるようになったため、最近では広東省のレストランでも提供されるようになった。

（10）台湾南部の客家地域ではいたるところに粄條の専門店がある。

（11）台湾からの移民が多い日本の客家も、炒鹹豚肉を代表的な客家料理とみなすことがある。

（12）柿は世界各地にある果物で、客家ばかりが食するわけではない。しかし、台湾北部の客家地域で柿が多くとれるというので、柿もまた台湾客家を示すシンボルになり始めている。

（13）その他、台湾で代表的な客家の飲み物として知られるのは、擂茶である。現在の台湾では擂茶は、都市の人々が客家村落に行き「客家らしさ」を味わうものになっている。だが、台湾で擂茶が飲まれ出したのは、

のホーチミン市にある客家料理の店でも、東江客家料理が提供されている。(注14) 注目に値するのは、マレーシアのサバ州では、春巻が客家料理とみなされていることである。ただし、ここでいう春巻は、実質的には恵州で日常的に食されている卵ロールを指す。(注15) 東南アジアに東江客家料理の系統が多いのは、大半の客家が広東省から移住していることと関係している。

ただし、世界の客家料理は同じではない。顕著な例を挙げると、タヒチの客家料理は、中国や台湾のそれとは似ても似つかない独自のものになっている（➡コラム③を参照）。世界中をみわたすと、客家だけに特徴的な料理を見つけ出すことは、実際には困難なのである。

それほど早い時期ではない。第二次世界大戦後に、広東省の陸豊県から来た外省人籍の客家が台湾にもたらしたものである。

（14）筆者（河合）が体験した限り、シンガポールやマレーシアの客家料理店で提供されているのも、基本的には東江客家料理であった。シンガポール南洋客属総会が八十周年記念として開催した「客家美食フェスティバル」でも、醸豆腐、梅菜扣肉、塩焗鶏や擂茶が客家料理の特色として宣伝された。オーストラリアのメルボルンやシドニーで出されていた客家料理も、梅菜扣肉や塩焗鶏といった広東客家料理であった。

（15）客家語で「春」と「卵」は同音であるため、「春巻」は「卵巻」を意味する。

第十六章　円形土楼

円形《えんけい》土楼《どろう》とは客家文化を代表する民間建築のひとつである。円形土楼の多くは客家地域と言われる山岳地帯、特に福建省西南部に多く分布している。しかし客家地域だけでなく、福建省閩南地域の一部（たとえば南靖《なんせい》県や華安《かあん》県）、あるいは広東省の潮州地域（たとえば饒平《じょうへい》県）にも円形土楼に類した建造物がある（⬇口絵写真参照）。

写真16 - 1　福建省華安県の二宜楼。この地域は客家ではなく閩南人が居住している（2012年7月、小林撮影）

土楼は二〇〇八年七月に世界文化遺産に登録され、客家文化の代表的なものとして広く知られるようになったが、世界文化遺産の登録名は客家土楼ではなく「福建土楼」となっている。このことからも分かるように、土楼という建造物は決して客家（客家地域）にのみ見られるものではなく、客家地域に隣接する閩南地域、潮州地域にも土楼があることが認められている。

土楼の略史

『永定県志』によると土楼は、永定県内だけでも二万棟以上あるとされる（円形土楼が約三五〇棟、方形土楼等が一〇〇〇棟、その他の形状の土楼が約二万棟あるとされる）。またその説明に基づけば、元末から明初にかけて同地に移住してきた人々（後に客家としてのアイデンティティをもつ人々）が、不安定な社会状況に対処するために築いた防衛機能の高い住居がその原型であるという。（注1）もともと住居は外敵の侵入を防ぐための要塞のようなものであったが、技術の進歩とともに、薄い土壁（一・五〜二m）が造れるようになり、土壁と住居が一体化することで現在見られるような土楼建築が誕生したと説明される。（注2）

永定県一帯でもっとも古い土楼は、元の大徳《だいとく》年間（一二九七〜一三〇七）に建てられた土楼だとされるが、（注3）現存している土楼のうち、明の永楽《えいらく》年間（一四〇三〜）から明の正徳《せいとく》年間（〜一五二一）に建てられた土楼までが初期の建築形態だという。これらの土楼に特徴的なのは、そのどれもが円形ではなく方形の形状をしており、土楼の一階、二階部分には窓がなく、外部との出入り口が大門だけしかないなど、非常に防衛的性格が強いということである。（注4）

明の万暦《まんれき》年間（一五七三〜一六一九）に、フィリピンのルソン島から漳州《しょうしゅう》（福建省東南部）を経由してタバコの種が永定の地に入ると、タバコ栽培はこの地の一大産業となった。もともと山岳地帯で棚田を作らなければ米作ができないような土地であったため、タバコ栽培は有益な換金作物としてまたたくまに広がり、経済的に多くの人口を維持できる産業へと発展していった。以降、タバコ栽培は明清代から現代にかけて、同地の経

（1）『永定県志』、二〇〇五年、五九六頁より。
（2）『永定県志』、二〇〇五年、五九七頁より。
（3）ここでいう永定一帯の初期の土楼とは、奥杳村にある日応楼、湖雷鎮にある馥馨楼、高頭村に在る振興楼などがそれにあたる。もっとも土楼建築全体で見た場合、最古の土楼は永定県湖雷鎮にある馥馨楼（七六九年）ともいわれるが、原初形態や土楼の定義が曖昧なため、何を最古とするかは議論を要する部分であろう。そのためここでは大まかに初期の土楼建造記録として示すのみとする。
（4）近年では土楼の増改築が進み、かつて窓がなかった一階、二階部分にも窓を作ったり、出入り口の数を増やしたりするなどの変化がみられる。

済を支えてきたわけだが、人口が増加し、多くの土楼が建造されたのもこの時期であった。[注5]現存する土楼の多くが、明清代以降に建てられたものであり、タバコ（およびその関連産業）によって経済的に豊かになり、人口が増えるに従って、土楼の建造も急ピッチで進んでいったと考えられる。

またこの時期に、土楼の建築様式も変化を見せるようになる。十七世紀ごろから、大きな石を柱の下に敷き、建物の土台とする基礎工事が行われるようになった。これにより、より安定した建物の建造が可能となり、円形の土楼もこのころからさかんに建てられるようになってきたとされる。[注6]

土楼は中華民国、中華人民共和国と政治体制が変わっても建造され続けてきた。また文化大革命期の一九六〇～七〇年代においても多くの村々で、人口増加に対応するために新たな土楼の建造が行われており、改革開放後の一九八〇年代においても永定県一帯では土楼建造の記録（記憶）が残されている。しかし一九九〇年代から二〇〇〇年代に入ると、これまでのような版築工法（板の枠の中で土を固め壁などをつくる工法）に基づいた土楼は建造されなくなる。それは建物としての土楼の意義が変化したためといえよう。この時期から土楼という建造物は住居としての意義を失い、観光資源である文化財として認識されるようになる。

写真16‐2　代表的な初渓土楼群のなかのひとつ集慶楼の内観。円楼の背後に方楼が見える（2015年2月、小林撮影）

土楼内部の基本構造

（5）福建省永定県にある土楼民俗文化村内の土楼群もまたタバコ産業で富を得た林一族が建てたものとして知られている。世界文化遺産にも登録されている振成楼は、タバコの葉を刻むナイフで財を成した林三兄弟の物語とともに語られる（『永定客家土楼　故事風情集』、作家出版社、二〇〇一年）。

（6）最古の円形土楼のひとつとして『永定県志』では、清の康熙三十二年（一六九三）に建てられた湖坑鎮南中村の環極楼、康熙四十五年（一七〇六）に建てられた高頭村の承啓楼などを挙げているが、これらの地域一帯にはそれ以前に建てられたとされる円形土楼も多々あり、定かではない。しかし同時期から円形の土楼が建てられ始めたのは確かであろう。

（7）日本の建築学では土楼内部の小屋（中堂・中庁）は、これまで祖堂と表記されてきた。また様々なメディアやユネスコ

写真16－3　裕昌楼の内部。5階建ての内観（2009年3月、小林撮影）

土楼は円形であれ方形であれ、内部空間は基本的に次のように利用されている。三階建て以上の高さで囲われた土壁のなかに、井戸、家畜小屋、倉庫、厨房、個人部屋などを持っており、土楼の中心に行けば行くほど公的な空間になり、周辺に行けば行くほど私的な空間になる。

中心部にある共有スペースでは、民間信仰の神々が祀られ、冠婚葬祭の準備、食事会、祭祀時の舞台の設営、一族の会議、農具や祭祀の道具置き場として利用される。（注7）多くの土楼は一階中央の共有スペースを囲うように家畜小屋が配置され、一階の周辺部（土壁側）の部屋は食卓と厨房として使われる。窓のない二階は倉庫、窓のある三階以上が個人部屋となっている。土楼内の区画は垂直方向に延びる縦の区画がワンセットと考えられており、それは世帯を単位として所有される。つまり四階建ての土楼であれば、（注8）ひとつの世帯が一階の厨房、二階の倉庫、三階と四階の個人部屋を所有するということになる。ただし、例外的に五階以上の土楼がつくられることもある（写真16－3）。

土楼内部の区画は各個人部屋に基づく区画を最小の単位としているが、それ以外にも五～七つほどの部屋からなる上位の区画が存在する。（注9）それらは八卦思想（日本

の公的文章のなかでも同小屋は祖堂（ancestral hall）と称される。しかしその場では年間を通して一度も祖先祭祀が行われていないばかりか、当該社会が祖堂（祠堂）と称する建物は土楼の外部にある。詳しくは、小林宏至「福建土楼からみる客家文化の再創生―土楼内部における「祖堂」の記述をめぐる学術表象の分析」（『客家の創生と再創生―歴史と空間からの総合的再検討』所収、風響社、二〇一二年）を参照のこと。

（8）基本的に土楼は三階建てか四階建てだが、四階建て以上の土楼も存在している。南靖県の裕昌楼は現在、四階までしか利用されていないが、構造的には五階以上の骨組みを残している。

（9）この土楼内部の八区画は、土楼ごとに異なる。円形土楼の場合、四区画、八区画が防火壁によって明確に体現されていることが多いが、方形土楼の場合、

では易による占として知られる八卦に基づく）におけるひとつの「卦」を表しているとされ、近しい系譜の親族が居住する傾向が強い。またそれぞれの「卦」に基づく区分は建築上、防火壁の役割を担っている土楼も少なくない。一般に客家地域の土楼は、卦に基づく区分の中間部分に階段を設けることが多いが、閩南系の土楼は個人部屋のなかに階段を設ける土楼が多い。

土楼の工法と作り手

土楼を造る際には多くの労働力と資金を必要とする。土楼内部の居住者が増え、新たな土楼が必要になると、一族のなかで土楼建造のための集団が組織される。秋から冬にかけては農閑期となるため、春から夏にかけて会議が開かれ、総合責任者、会計、（工具などを用いる）技術者、資材係などが決められる。父系の系譜に基づいた「頭家」という小集団が分担された仕事を担当するのだが、同集団内は一般に、力仕事を行う大工《ダァゴン》（成年男性）、材料の補充や補佐的な仕事としての小工《シャオゴン》（女性や子ども）などに分けられる。

写真16 - 4　華僑資本によって建造された土楼。シンガポール華僑の場合、白い外壁のものが多い（2015年2月、小林撮影）

土楼建造は大きく分けて二つの作業工程を要する。ひとつは厚さ一m以上、高さ十数mにもなる土壁を造ることであり、もうひとつは内部の廊下や部屋といった居住空間を木組みで完成させることである。後者は専門の木工職人によって行われるが、前者は先の「頭家」が中心となって版築工法によっ

必ずしも目に見える形でそれが体現されているわけではない。ただ八角形の形状をした土楼も存在し、円形と方形の中間的な形状として考えられなくもない。「土楼王子」とも称される振成楼の内部は均等に八区画に分けられており、その区画の境が防火壁になっている。

て造っていく（注10）。

まず土壁を建てる場所を平らにならし、石を敷き詰め基礎を固める。その後、版築工法によって土を積み上げていくのだが、この作業は（土を寝かす期間も含め）長い場合、数年にわたって行われるという。かつてこそ一族総出で版築作業が行われていたが、近年、とりわけ改革開放以降は華僑資本や行政主導による「土楼」が作られるようになってきている（写真16-4）。しかしそれは土を積み上げた土壁ではなく、レンガやコンクリートを流し込んで造られたものが多い。そのため厳密にはそれを「土」楼とは呼べないわけだが、当該社会では円形の形状がそのまま踏襲されているため、同じように土楼と呼ぶことが多い。

土楼の伝統的な生活様式

土楼居住者、あるいは土楼周辺の人々は、今でこそ観光業に従事する者が多いが、かつては農業を生業としていた。稲作をはじめ茶やタバコといった換金作物、サツマイモ、キャベツ、蓋菜《ガイツァイ》〔オイチョイ〕といった日常的に食する野菜は今でも土楼周辺の畑で作られている。現在は観光地化が進んだため、あまり見られなくなったが、かつては土楼内部には家畜小屋があり、豚、鶏、烏骨鶏、兎、家鴨などが一階のスペースで飼育されていた。

土楼の一日は、早朝、一階からきこえてくる「コッコー」という暁鶏から始まる。太陽が昇り始め土楼の四階部分に日が入り始めると、皆パタパタと音をたて、階段を下りてゆく。湯を沸かしたり顔を洗ったりトイレに向かうためである。次第に一階にある厨房から炊飯の湯気があがり、朝食の支度が行われているのが上階にも伝わる。

（10）土楼建造にあたっての組織、詳しい工法などについては、重村など「中国・円型土楼の研究：#1　その概要と集団建設」（『学術講演梗概集 E 建築計画 農村計画』社団法人日本建築学会、一九八七年）ほかを参照のこと。

午前中から農作業、家畜の世話が行われ、農産物を仕分けたり、盖菜を塩漬けにしたり、家畜の給餌や小屋の掃除をしたりと皆、それぞれに忙しく動き回る。三階、四階には小便用の壺やオマルといった簡易便器があるが（写真16 - 5）、そこから集めた排泄物は畑にまかれる。お昼頃になると、また土楼一階の食卓に戻ってきて昼食をとり、十四時頃から一度部屋に戻って昼寝をする。十六時頃、再び目を覚ますと、残った農作業をしたり、大門のあたりで涼みながらお喋りをしたり、子守りをしながらタケノコの皮をむくなどで夕暮れ時を迎える。十八時頃、夕ご飯を食べ終えると、各自友達や親族の家に、麻雀やトランプ、お茶やお喋りに出かけたり、部屋でテレビをみたりと寛いだ時間を過ごし、二十二時ごろ皆眠りにつく。

この時、土楼の大門も閉められる。実際に生活してみるとわかることだが、土楼内は生活音に溢れている。深夜、上下階の住人が用を足している音も耳に入り、隣近所の夫婦喧嘩なども筒抜けになる。またネズミやゴキブリなども多く、決して衛生的に整備された場所とは言えない。そのため現代的な生活を求める若者を中心に「土楼離れ」が進んでいる。(注11)

写真16 - 5　土楼内の小便用の壺。女性子ども用のオマルもあるが、大便は基本的に外の厠で行う（2010年2月、小林撮影）

(11) 逆に、いまや円形土楼は住居ではなく、文化・観光資源、つまり客家のシンボルとなっており、非土楼圏であるはずの台湾、マレーシア、インドネシアの客家地域／博物館でも円形土楼を模した建造物が次々と建てられている。その一部は口絵写真でも掲載している

第十七章　囲龍屋

客家は「囲い込み式」の集合住宅に住むことで知られている。その最も有名な建築形態は前章でも見た円形《えんけい》土楼《どろう》である。ただし、円形土楼は、客家地域のなかでも福建省西部を中心とする一部の地域にしか分布していない。客家の「囲い込み式」住居には、さまざま形態がある。(注1) 本章は、梅州を中心に分布する囲龍屋《いりゅうおく》について紹介する。

写真17 - 1　囲龍屋（2006年11月、梅州の興寧にて夏遠鳴撮影）

分布と建築構造

囲龍屋は、北京の四合院《しごういん》、陝西省の窑《ヤオ》洞《トン》、広西の杆欄《ガンラン》、雲南省の一顆印《いっかいん》とともに、中国五大民居の一つに数えられることがある。囲龍屋の分布範囲は梅州とほぼ一致している。ただし、河源《かげん》、韶関《しょうかん》、さらには広西の賀州などにも囲龍屋と類似する民居がある。(注2)

（1）土楼と囲龍屋の他には、囲屋（➡第五章参照）、四点金などがある。四点金は、主に広東省の河源に分布しており、四方が壁で囲まれているだけでなく四つの角が突出した独特のシルエットを呈している。

（2）囲龍屋は、一般的に化胎や囲龍がある／あった建築物を指すが、多様性がみられる。囲龍屋をどのように定義するかによって、その分布の範囲がかわってくる。

図17-1：囲龍屋の平面図の一例

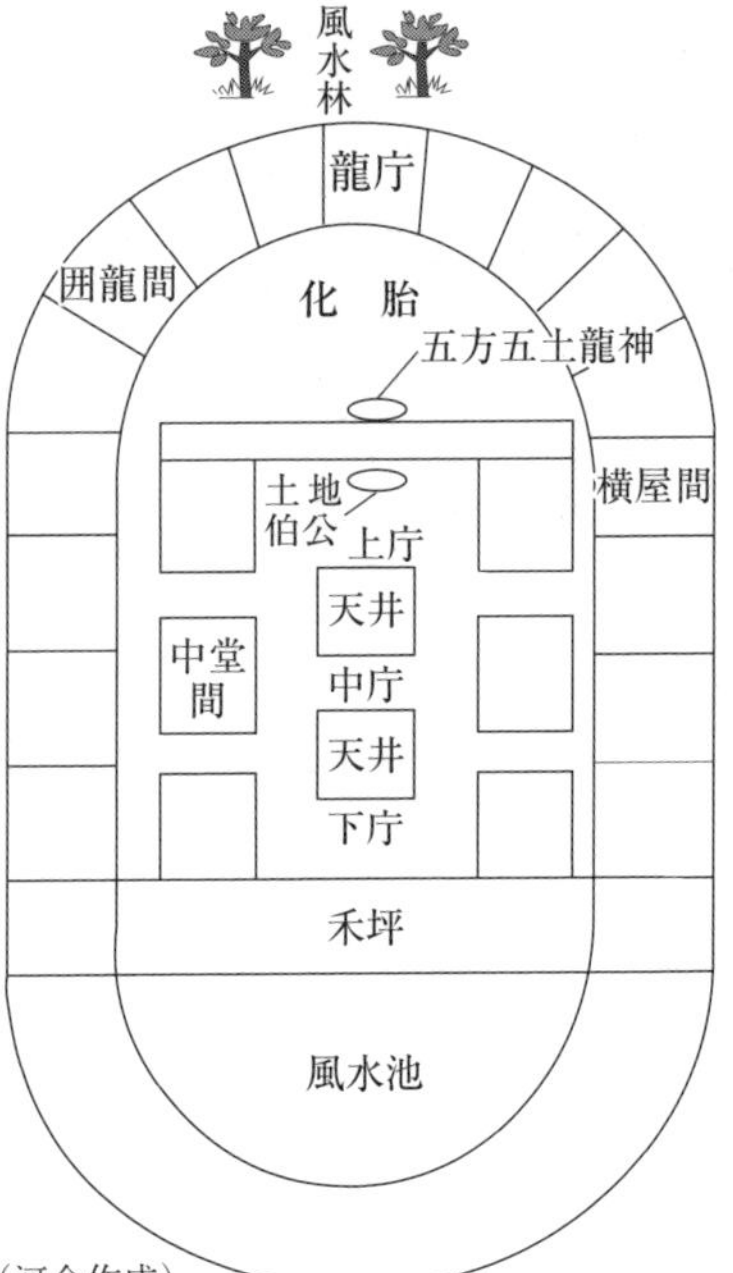

（河合作成）

写真17-1、図17-1にみるように、上空から見ると、囲龍屋の形状は馬蹄形である。円形土楼とは異なり、大部分の囲龍屋は一階建てである。

囲龍屋の中央は居住区となっており、その前方に半月型の池が、後方に半月型の化胎《かたい》〈ファートイ〉[注3]がある。化胎は、囲龍間〈ウィロンギャン〉[注4]と呼ばれる部屋で囲まれており、その後方はさらに包護林で囲まれていることが多い。中央の居住区は、宗族が住む部屋と公共スペースとに分かれている。宗族は、主に個人や核家族の単位で中堂間と横屋間に住む。他方、中央は公共のスペースであり、上庁、中庁、下庁に分かれる。これらの庁の間には、屋根がなく、雨が降った時に水を貯める天井〈ティエンジィアン〉が設けられている。「天井」以外のスペースは屋根で覆われている。三つの庁のうち宗族が最も重要視するのが上庁（祖堂《そどう》）である。一般的に上庁の中央奥には神龕《シェンカン》（祭壇）があり、祖先の位牌が祀られている。そして、神龕の前にはお香や供物を置く龍卓（テーブル）が設置されている。神龕の近くには観音の像が置かれることが多い。

（3）化胎は、囲龍屋の後方で盛り上がっている、小さな高台である。その形状は、中国南部の墓や沖縄の亀甲墓に似ているといわれる。なぜこうした形態をしているかには諸説がある。妊娠した女性の腹を模しているといわれることもあれば、前方に祖先の位牌があるため祖先の椅子としての役割を果たしているといわれることもある。生命力が集まるところと考えられることもあり、写真17-2-1にみるように獅子舞などの儀礼がなされることもある。

（4）化胎の周りを囲む囲龍間は、規模が大きければ二重にも三重にもなる。囲龍間にも宗族が住むが、一列目の真ん中にある龍庁と呼ばれる部屋だけは、人が住んではならない。この部屋は、神聖視されており、通常は祭祀の道具などが置かれる。

宇宙観と生命観

一九七八年十二月の改革開放政策後、人々の暮らしが豊かになるにつれ、囲龍屋の住民の多くは、付近にコンクリート造りの住宅を建てて移り住むようになった。囲龍屋は本来、同じ姓の宗族しか住むことができなかったが、近年はそうした原則が弱まり、出稼ぎ労働者や学生なども住むようになっている。(注5)

ところが、宗族の人々は、たとえ囲龍屋に住まなくなっても、そこを神聖な空間をみなし、冠婚葬祭や年中行事の時に使うことがある。とりわけ、客家は年に数回、祖先崇拝をおこなう（➡第十一章参照）。囲龍屋では、宗族の共通の祖先が置かれているため、春節（旧正月）、端午節、中元節、中秋節などの祝祭日になると、囲龍屋に集まり活動をおこなう。

写真17-2-1　化胎でおこなわれる獅子舞（2015年3月、河合撮影）

写真17-2-2　壁に刻まれた五つの図形が五方五土龍神とみなされている（2015年3月、河合撮影）

宗族の成員が囲龍屋を離れてもなお重視する文化的背景には、囲龍屋特有の宇宙観がある。もちろん囲龍屋をめぐる宇宙観は現地でも一様ではないので、梅州の都市部に住むあ

（5）ちなみに、筆者（河合）も囲龍屋に住んでいたことがある。円形土楼と同様に、現在の囲龍屋では外国人が住むことが可能になっている。現地には、廃屋となっている囲龍屋もある。

る宗族の例をとりあげてみるとしよう。

この宗族の宇宙観によると、囲龍屋で重要なのは上庁、特に祭壇の下方に座す土地伯《とちはく》公《こう》〈トゥディバッゴン〉である。土地伯公の座す位置は風水により厳密に測定せねばならず、また「生きた」地点であるためコンクリートを敷き詰めてはならない。土地伯公の位置を定めたら、その上に祭壇を設置し祖先の位牌を置く。こうした配置は、祖先が土地の恵みのうえに生かされてきたことを意味する。(注6)

同時に、化胎とその前側面にある五方五土龍神も神聖視されている。半月状の高台である化胎は、「生きている」と考えられているため、コンクリートで覆ってはならない。化胎は女性の子宮であるともみなされることもある。風水の原理から言うならば、化胎は、「気(=龍)」の終結点であり、それゆえ生命エネルギーに満ち溢れている。(注7) また、化胎の前側面には、五つの異なる形の図が刻まれている。これは五方五土龍神《ごほうごどりゅうしん》〈ンーファンンートゥロンサン〉、もしくは五星石伯公《ごせいせきはくこう》〈ンーセンサッバッゴン〉と呼ばれる神位である。五つの刻みは五行を表すとされるが、同時に(子宮から溢れる)エネルギーの出口であるとみなされている。それゆえ、春節や元宵節などの祝祭日でも化胎や五方五土龍神で獅子舞をし、そこで生命エネルギーを受け取ってから一族に分配するパフォーマンスがおこなわれる(写真17-2-1、2)。ほかにも、日頃、病気や不妊で悩んだ時は、生命エネルギーを充填させるため、五方五土龍神を拝みに行くことがある。(注8)

開発と保護のはざまで

梅州の人々の多くはすでに囲龍屋に住んでおらず、またこの建築物は広い敷地を占拠するため、特に都市部では開発の対象となってきた。すでに多くの囲龍屋が取り壊さ

(6) 土地伯公は「地」、祖先の位牌は「人」、その前方にある「天井」は「天」を象徴する。それゆえ、上庁は、「天」「人」「地」が組み合わさった神聖な世界を表しているのだという。

(7) 囲龍屋の「龍」も化胎を指しており、それを囲む建築様式であることが囲龍屋の名前の由来であるとも言われている。

(8) その他、囲龍屋には共同の井戸がある。梅州のある宗族では、女性の出産後、この井戸から汲んだ水でつくった娘酒を飲まねばならないとされている。井戸の水には特別な生命力があると信じられていたからである。

写真17 - 3　囲龍屋の前方に立てられた石の柱が眉杆夾である（2014年9月、河合撮影）

れ、失われている。だが、上述のように、宗族にとって囲龍屋は、たとえそこに住んでいなくても重要な文化的意味をもっている。(注9) したがって、一部の宗族は、文化遺産としての囲龍屋の価値を認め、その保護を唱えるようになっている。例えば、近年、ある宗族は、国内外に住む親戚から金を集めて、囲龍屋を修築した。そして、一族の祖先の写真を飾ったり、科挙に合格した祖先を記念する石柱（眉杆夾〈ミーガンギャップ〉）を新たに立てたりしている。宗族が自ら、囲龍屋をコンリート造りの近代建築として改造する現象もみられるようになっている。

こうした民間の動きを受けて、二〇〇八年四月、梅州市政府は、囲龍屋の文化的価値を認め、ユネスコの世界遺産に申請する準備を進めるこ

(9) ある角度から見ると、囲龍屋は「伝統」的な住宅で、コンクリート造りの住宅は「近代的」な住宅かもしれない。しかし、宗族のなかには、囲龍屋の部屋と同じ寸法の部屋を新築した住宅で設計することで、囲龍屋の良い「気」をコンクリート造りの住宅にもちこもうとすることもある。すなわち、両者は「気」でつながっており、コンクリート造りの住宅も囲龍屋の「新たな囲龍間」にすぎないと考えられることもある。両者は必ずしも伝統／近代の枠組みで二分割できない。

とを宣言した。(注10) 梅州では、今でも都市開発の波によって囲龍屋がとり壊されている。だが、一部の保存の良い囲龍屋は重点保護単位（文化遺産）として保護されるようにもなった。最近の都市／村落計画では、一部の囲龍屋を保護し、観光開発に生かしていく計画が打ち出されるようにもなっている。囲龍屋は、日本でも『朝日新聞』で紹介されるなど、国際的にも徐々に注目されるようになってきた。(注11) 開発と保護との間で揺れる囲龍屋は、ますます目が離せない存在となっている。

（10）ユネスコの文化遺産に申請したものの、二〇一八年現在まだ登録に成功していない。
（11）外岡秀俊「歴史を歩く――客家建築（中国）」（二〇一〇年一月三十日『朝日新聞』一三面）では、円形土楼とともに囲龍屋が紹介されている。

第十八章　三合院

写真18 - 1　新竹・関西鎮の三合院（2015年6月、河合撮影）

同じ客家建築といっても地域によって多様性が大きい。台湾には、歴史的に円《えん》形《けい》土《ど》楼《ろう》もなければ、囲《い》龍《りゅう》屋《おく》も存在しない。確かに近年、台湾で客家と関連するいくつかの地点では円形土楼の形をした建物があるが、それらは大陸中国のそれを模倣して建てられたものである。また、台湾には囲龍屋の特徴でもある化胎をもつ伝統的な住居もあるが、全体からみると稀である。(注1) 台湾で最もよくみられる伝統的な客家建築は、三合院《さんごういん》と呼ばれる集合住宅である。

建築構造と住まい方

台湾の客家村落を歩いていると、「コの字」型をした緋色の三合院をあちこち

(1) 化胎の前側面に五方五土龍神がある住宅も一部みうけられる。ただし、その住居の所有者は、囲龍屋文化圏である梅州の出身者とは限らない。また興味深いことに、囲龍屋の空間構造とほぼ同じ造りをした村落がある。この村落の居住者も、囲龍屋文化圏ではなく、福建西部の客家地域出身である。詳しくは、長野真紀「台湾福佬客集落の居住環境と空間構成原理に関する研究」（『生活學論叢』二十号、二〇一二年）を参照のこと。

で見かける。三合院の内部には複数の部屋があるが、奥の部屋は正庁または正房と呼ばれ、その中央には祖先や神々を祀る祭壇が設けられている。(注2)また、左右の部屋は護龍または廂房《シャンファン》と呼ばれ、同じ宗族の成員が住む。三方を部屋で囲まれているから、三合院と呼ぶ。(注3)

よく知られるように、北京には四合院《しごういん》と呼ばれる建築がある。四合院は正面手前も部屋で囲まれているが、三合院の正面手前には部屋はない。高さ一mほどの低い壁と門で囲まれているか、もしくは壁もなくオープンになっていることが多い。中央部は中庭となっている。(注4)正庁の屋根は、平らなこともあれば、中央が低く端が高いカーブ状となっていることもある。後者の様式を「燕尾《イエンウェイ》」と呼び、科挙の合格者がいるとカーブが急になるといわれる。(注5)

三合院は、入り口から正庁のラインを中軸線とし、それを軸として左右対称になっている。三合院には儒教の長幼の序が反映されるともいわれる。三合院の空間構造は、原則的に、前面に比べて奥が優位、右に比べて左が優位とされる。したがって、正庁に祖先の祭壇が置かれ、正庁を背にして左側の護龍には長男の系統が、右側の護龍には次男に系統が住むのが理想とされる。(注6)

三合院の多くは、たとえわずかであれ、前よりも後ろが高くなるように工夫されている。村落部では、山にもたれかかる（これを「椅子に座る」と比喩的に表現する人々もいる）ようにし、周りを木々で囲むことも少なくない。また、前方には池が配置されることもある。水は財と関係すると信じられているからである。水を池に流すために、後方を高くしなければならないという者もいる。

（2）正庁の中央にある部屋には祖先の位牌のほか、土地伯公が祀られることが多い。その他、正庁の入り口に天地神を、位牌の近くには楊公木（➡第二十章参照）などを置いている三合院もある。

（3）もちろん三合院の大きさは宗族の規模によって異なる。周囲に部屋を増築した三合院もある。

（4）このような建築構造は、どこか沖縄の住宅を彷彿とさせる。沖縄の場合、入り口と中庭の間にヒンプンと呼ばれる石の壁がある。台湾の一部の三合院にもヒンプンのような壁が立てられている。

（5）よく観察しなければ分からないほどの緩やかなカーブもあれば、一目で分かる急なカーブもある。

（6）渡邊欣雄『風水思想と東アジア』（一九九〇年、人文書院）によると、風水の原理において、正庁は体、護龍は両腕と

客家建築としての三合院

三合院は、実際には客家の村落だけにあるわけではない。台湾のマジョリティである閩南《びんなん》人も三合院に住んでいる。一見すると客家と閩南人の三合院は非常によく似ており、両者に違いを見出すのは困難にすら思える。しかし、台湾の客家のなかには、客家の三合院は閩南人のそれとは異なる特色があると主張する人々もいる。両者の違いに対する現地の人々の説明は、必ずしも同じではない。このことを踏まえて筆者が今まで現地で耳にしてきた「客家の特色」の例を三点挙げると次の通りである。(注7)

第一に、客家の三合院は、全ての窓が中庭を向いており、外向きの窓はなく、壁でふさいでいる。これは、円形土楼と同じ防衛の機能をもつ、客家の「囲い込み式」住居を体現している。(注8)

第二に、客家も閩南人も正庁に位牌を置く傾向にあるが、両者の位牌の形状に違いがある。一般的に、閩南人の三合院では小型の位牌が多数あるのに対し、客家の位牌は大型の位牌が一枚または数枚しかない。そこには多数の祖先の名が一緒に刻まれている。(注9)

写真18 - 2　正庁における一枚型の祖先の位牌（2016年11月、屏東にて河合撮影）

第三に、客家は土地伯公（土地龍神とも呼ばれる）の存在をより重視するといわれる。客家の三合院の正庁では、一般的に、土地伯公が中央にあり、その上に祖先の位牌が置かれている。祖先の位牌が脇に置かれることとすらある。(注10)

比喩される。

(7) もちろん、ここで例示するのは、一部の客家による語りであり、筆者（河合）自身が客家と閩南人の三合院に明確な違いがあると主張しているわけではない。

(8) 陳運棟『客家人』（一九八三年）でも同様の記述がある。また、近年は、中国との往来も頻繁になり、囲龍屋を知る者は、化胎や五星石に客家の特色を見出すこともある。

(9) 南部については堀江俊一、北部についてはマイロン・コーエンが詳細に書いている。

(10) ある屏東県の宗族は、三合院の風水で最も重要なのは土地伯公の位置であると考え、修築の時には土地伯公を据える場所に「気」が通るよう配管を敷くことから始めている。

こうした「客家の特色」をめぐる語りは他にもある。(注11)もちろん、台湾全土の三合院をくまなく調査していくと、実際には、客家と閩南人の三合院には明確な違いがないかもしれない。だが重要なのは、エスニック意識のうえで、三合院は客家の代表的な建築であり、客家文化の特色が反映されていると、客家自身によって考えられていることである。近年、三合院は台湾における客家文化産業の進展に伴い、保護の対象となったり、レストラン、アートスペース、宿泊施設などの形で再活用されたりし始めている。そして、台湾における客家地域の景観を彩る重要な要素となっているのである。

(11) 客家の三合院は左右の護龍の高さが同じではない。また、奥の方がやや低く前の方がやや高い形に設計されている等。現地で聞いた説明によると、将来が次第に上向いていく客家の願いが込められているからだという。

第十九章　風水と二次葬

陰宅と陽宅

一九九〇年代以降、日本でもひろく使われるようになった「風水」という言葉だが、風水発祥の地である大陸中国と日本の「風水」は基本的に異なるものと考えてよい。日本の雑誌やメディアでとりあげられる「風水」は、家の間取りや家具の配置、「黄色い財布を持つ」と運気がアップする！　などと謳われるが、中国、とりわけ客家社会において風水は一族の命運をかけた一大事業の様相を帯びることがある。

さて両者の違いはどこにあるのだろうか。日本の「風水」も中国客家社会の風水も、人間が身の回りの環境へと積極的に働きかけを行って自然との調和を図るという意味では変わらない。だがどこに（誰に）重点を置くかということが決定的に異なっている。日本社会の場合は、生活者であるわたしたち自身の「風水」を看る傾向が強いが、中国客家社会では祖先、つまり死者の風水こそがもっとも重要だと考えられているのである。つまり「生者の家（陽宅《ようたく》）」の風水よりも、「死者の家＝墓（陰宅《いんたく》）」の風水のほうが客家にとっては重要だといえる。

一言で風水といってもそれをめぐる認識は一様ではない。しかし客家を含む漢族社会で一般的に言えるのは、風水が「気」を扱う術であるということである。[注1] 死者の家である墓がよい風水の地にあり、よい「気」の影響を受けると、子孫は繁栄するとされ、逆

（1）風水思想において重要なのが「気」の概念だが、それは父系の系譜をたどり祖先から子孫へと不可逆的に流れるものとされる。これは漢族社会の民俗生殖学、つまり骨は父親から血肉は母親から授かり、血肉は腐るが骨は腐らずに土中に残るためその影響力が子々孫々と続くという（かつての）民俗生殖学的価値観に強く影響を受けている。詳しくは渡邊欣雄『風水気の景観地理学』（人文書院、一九九四年）などを参照されたい。また総合的な風水に関する研究書としては、渡邊欣雄『風水の社会人類学』（東京：風響社、二〇〇一年）、より一般的な風水知識に関しては渡邊欣雄・

写真19 - 1　祖先の墓の改修を終え風水先生と儀礼をおこなう子孫たち（2010年7月、小林撮影）

に悪い風水の地であれば没落するとされる。つまり墓地風水の良し悪しは一族の命運を左右する重要な環境判断であり、祖先の墓は必ず風水先生立会いのもと建造、改修、移動が行われる。土楼《どろう》や囲龍屋《いりゅうおく》といった民間建築ももちろん風水を重視するが、やはり墓地には及ばない。個人や家庭の運命を左右する陽宅よりも、一族全体の命運を左右する陰宅の方が大きな影響力を持つと考えられているためである。

族譜にみる風水

一般に客家社会では日常生活のなかで風水が語られることはあまりない。しかし家屋を新築する時はしばしば、そして墳墓を改装する時は必ず風水先生に看てもらうことになる。なかでもとりわけ重要なのが、一族の中心的な存在である祖先の墓とな

三浦國男編『風水論集』（凱風社、一九九四年）を参照のこと。

る。ここでは客家社会における李氏の代表的な祖先だとされる李《り》火徳《かとく》という人物の風水物語を見てみよう。

一族の歴史を記した族譜（漢族における家系図）には、始祖から現在の成員までの情報が記されているが、重要な祖先に関してはその墓地と墓地の風水の情報も記載されている。とりわけ始祖となると、風水にまつわる逸話は神秘的な様相を帯びる。李氏の族譜のなかで始祖である李火徳が亡くなり埋葬地へと遺体を運ぶまでの記述では次のような伝説が語られる。

「（李火徳の葬儀にあたる）その日は、夜が明け雲間から光がさすと、よい晴天に恵まれた。（中略）しかし、しばらくすると雲行きがあやしくなり、雷が鳴り響き、突然の暴風雨に見舞われた。葬儀の参加者は隊列から離れ、それぞれ雨風がしのげる場所へと避難したが、火徳の棺はその場へそのまま放置された。（中略）大雨が通り過ぎた後、葬儀の参列者たちがもとの場所へともどってくると、そこで実に奇妙な事態に遭遇する。

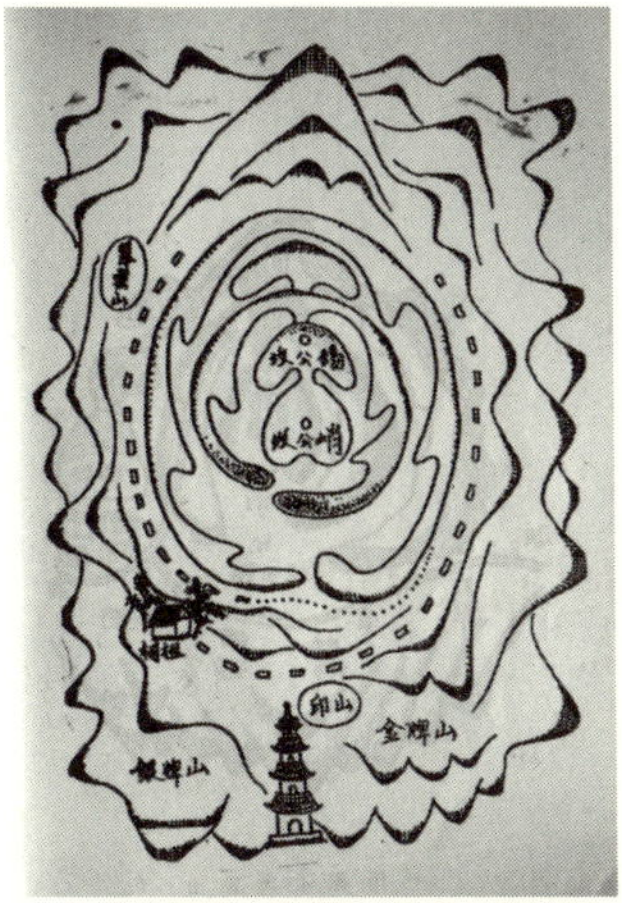
写真19 - 2　族譜には祖先の墓が風水的にいかに優れた場所かを示すものが少なくない。たとえば永定撫市黄氏族譜もそのひとつである〔永定県永定図書館所蔵〕（2015年2月、小林撮影）

棺がもともと置いておいた場所にないのである。（中略）そのとき皆が前方をよく見てみると、そこにはにわかには信じがたい光景が広がっていた。芝生の上にあったはずの棺は、凹型の池の上に蓑笠をかぶった状態でぷかぷかと浮

写真19 - 3　李氏の廟では李火徳の物語を分かりやすく絵解きしている（2014年2月、小林撮影）

いていたのである。（中略）この時、ちょうど地理先生（風水先生）がそこへ現れた。彼はゆっくり落ち着きはらった様子で羅盤《らばん》を取り出し、池の周りを何周も歩き回り、あれこれと作業をし、最後に嬉々としてこのように叫んだ。『心配ない！　いい場所だ！　いい場所だ！　天が授けてくださった吉兆の場所だ、彼自身が自分で造り上げた墳墓だ。墳墓の形状は〈螃蟹游湖〉の型だ。ここにお墓を造りなさい。祖先の言う通り、天の言う通りにしなさい』[注2]

このように風水の語りは、始祖の墓地の神秘性、彼を始祖として子孫が反映したことのゆるぎない「確証」として族譜のなかで修辞的に用いられる。

中原と風水思想

客家社会における風水もまた中原との関係で語られる。風水知識の体系は、唐・宋代を経て発達していったとされるが、そこで二つの学派が誕生した。一方は、周辺環境（山の形状、川の流れ、大地の隆起）を重視する「形勢学派」であり、その代表的な人物として楊筠松《よういんしょう》がいる。彼は唐末期に宮廷に仕える風水師であったとされるが、黄巣の乱のため南方へと逃れ、現在の贛州《かんしゅう》へ辿りついたとされる。その後、彼は贛州で宮中の秘儀である風水術を広めていったという。そのため「形勢学派」は「江西学派」とも呼ばれる。

（2）同じようなストーリーはどこでも確認できるが、ここでは『広東省河源龍川李氏族譜』（二〇〇〇年）の文を引用した。

もう一方の学派は「理気《りき》学派」と呼ばれ、宋代に確立したとされている。こちらは森羅万象を、八卦思想や五行説を用いて理論的に解明することを重視し、風水判断に羅盤を用いた。特に盛んだったのが福建省の建陽（現南平市）の地で、閩学(注3)の影響を強く受けていたという。つまり客家居住地域と、これら二大学派の拠点は地理的に重複、あるいは隣接するため、客家社会にも大きな影響を与えてきたと考えられる(注4)。今では、客家地域の風水は中原由来の伝統文化として強調されることが多い。

風水と二次葬

祖先の墓地風水に関する話は、現在でも客家社会でよく耳にする。一族のなかで何か問題があると、風水先生に祖先の墓地風水を看てもらったり、墓参りの時にも「ここの墓は良い風水だ」という会話がなされたりする。しかし、祖先の遺体は、すぐに風水が良いとされる地に埋められるとは限らない。大陸中国の客家社会では「二次葬」という習俗があることが広く知られているが、この習俗は「洗骨葬」「撿骨葬」とも言われ、明清代に特に隆盛したとされる(注5)。

写真19 - 4　花輪の奥に二次葬前の人骨を収めた金罌が置かれている（2005年8月、河合撮影）

二次葬とは、簡潔に言えば、死者の遺体を二度（以上）埋める習俗である。人の死は突然訪れることも多く、事前に風水の良い墓を準備しているとは限らない。その場合、まずは適切な場所に遺体を埋め、土葬などの方法で、肉体を腐らせる。そして然るべき期間の後、風水のより良い場所に墓を建て、

（3）南宋の儒学者、朱熹（朱子）が門戸を開き、現在の福建省西北部を中心に興った学派。日本では朱子学としてよく知られている。形而上のものを「理」として、形而下のものを「気」として整理し、神羅万象を統一的な原理で説いたものであるが、これが理気風水にも大きな影響を与えているとされる。

（4）謝重光著『福建客家』（南寧：広西師範大学出版社、二〇〇五年）を参照のこと。なお、中原由来とされる風水知識を、客家自身が重視してきたことはこれまでの調査でも明らかにされている。

（5）王東著『客家研究導論』（上海人民出版社、一九九六年）を参照。

もとの埋葬地を掘って人骨を取り出し、軽く土を払った後、風水師の立ち合いのもと新しい墓に骨を再び埋葬するということがなされる。

近年、大陸中国では新たに墳墓を建造することが規制されており、かつてのように、風水先生が山に入って風水の良い墓地を選定し、墳墓を建造するということは難しくなった。そのため火葬が普及し、公共墓地が増えた現在、二次葬の習俗は次第に廃れていっているといえる。しかし、今でも古い墳墓を修造して骨を埋葬することは可能である。(注6) それゆえ、火葬後の骨を先に骨壺（梅州客家語で「金罌」と呼ぶ）に入れて保管したり、(注7) 風水の良いところに骨壺を移動させることで二次葬に替えるなど、新たな様式が出現するようになっている。

二次葬は、時として客家「特有」の習俗として語られることがある。中原から移住してきた客家は、一つの場所に墓を固定させておくことが不可能であった。だから、二次葬のように墓を流動的に移す習俗は、客家が歴史的に移住するなかで培われてきたという語りである。だがもちろん二次葬の習俗は客家地域だけにみられるわけではない。潮州人など近隣の漢族集団だけでなく、中国南部、沖縄、(注8) 東南アジア、さらにはアフリカ(注9) など世界中で二次葬の習俗は報告されている。にもかかわらず、二次葬は、中原のストーリーと結びつけられ、客家のなかでは特別な意味をもつ文化となっている。(注10)

客家と風水リゾート開発

このように客家地域において風水は、しばしば中原と結びついて語られてきた。(注11) 中国の学者のなかには、風水を中原文化の「遺産」として捉える者も少なくない。こうした

（6）実際、二〇一〇年代においても、風水師に依頼して墓の改修を行ったり、予め造られていた夫婦墓に埋葬したりするという事例がみられる。

（7）骨壺に入れる時にも順序がある。（当然、地域差はあるが）足を下側、胴体を真ん中、頭を上というように、人体に模して骨を積み上げ、さらに頭蓋骨は景色を見るようにする。

（8）沖縄にも二次葬の習俗はあるが、その習俗の仔細は異なる。沖縄では女性が骨を取り出し水で洗うことがあるが、中国客家地域では女性は骨に触れてはならず、水で洗うなどはご法度である。運気が逃げてしまうと考えられるからである。

（9）アフリカの二次葬については、大森元吉の論文「二次葬の社会学的意味――アフリカの事例」（『アフリカ研究』五、一九六七年）などがある。

（10）二次葬の研究については、蔡文高著『洗骨改葬の比較民

風潮のなか、贛州では近年、風水を観光資源としたリゾート開発に着手し始めた。風水は大陸中国では「迷信」扱いされているにもかかわらず、である。

風水を観光資源とした開発のなかで、もっとも大々的にそれを推進しているのが、贛州の興国県三僚村である。三僚村は中原から来た楊筠松《よういんしょう》が定住した村だといわれ、これを「風水第一村」と名付け、リゾート開発をおこなっている。(注12)この村は廖《りょう》姓と曽《そう》姓、二つの宗族がおり、伝説によると楊筠松に学び、形勢学派を継承したという。今でも三僚村には風水で生計を立てている住民が少なくなく、この村の風水師たちは近隣の村々だけでなく、遠く広東省や福建省など遠方にまで出かけ風水を看ている。

三僚村はその形状が羅盤に似せてつくられており、風水のメッカであると言われることもある。梅州でも三僚村の風水師を招いて集合住宅を建てたという伝説が、まことしやかに伝えられている。(注13)しかし、最近になって、客家地域で大きな衝撃をもって迎えられる事件が起こった。香港の風水師が「三僚村の風水は良くない」と判断したのである。(注14)梅州では、香港から輸入した風水書や羅盤を使う風水師も増えてきている。三僚村の風水が本当に良くないのか否か、真偽の程は定かではないが、こうしたストーリーは客家地域でどれだけ風水が重視されているのかを如実に示すものといえよう。

俗学的研究』（東京：岩田書店、二〇〇四年）に詳しい。

（11）楊筠松と中原を結びつける記述は、羅香林『客家文化導論』ですでに示されている。さらに、一九九〇年代に入り、楊筠松が中原から南下し客家地域である贛州市で風水を広めたことから、楊筠松は客家であり、風水は客家文化の重要な構成要素の一つであるという見解すら提示されるようになった。

（12）三僚村では、建築物修築や道路の整備などが進んでおり、風水に関心をもつ観光客を集めるようになっている。他方で、贛州市区の郊外でも楊仙嶺という風水リゾート地の開発が着手されている。

（13）三僚村の廖姓の風水師を「廖丙公」として神格化して祀っている囲龍屋もある。

（14）詳細は、河合洋尚「移りゆく香港の風水言説（後）」（『季報唯物論研究』一〇九号、二〇〇九年）を参照のこと。

第二十章　宗教と信仰

客家は信仰心の厚いエスニック集団であるとしばしばいわれる。実際、世界の客家が信仰する対象は、仏教、道教、キリスト教から、一貫道、創価学会、さらには民間の神々など、実に多様である。どの宗教を信仰するかは、もちろん個々人の信仰心によるが、一定の地域差もみられる。例えば、欧米だけでなく、マレーシア島嶼部のサバ州では、キリスト教人口の比率が高い。香港のキリスト教会（主にバーゼル教会）がサバ州に移民を送り出した歴史的経緯が関係しているからである。他方で、イスラム教徒の多いマレーシアの半島部やインドネシアでは、イスラームを信仰する客家が少なくない[注1]。ただし、中国を含め世界の客家の多くが信仰しているのは、特定の教団・教典・教祖をもたない民俗宗教[注2]であろう。本章は、各地で「客家の守護神」とみなされる、いくつかの神々への信仰をとりあげていくことにする。

三山国王と義民爺

中国客家学の祖である羅香林《らこうりん》は、『客家研究導論』にて、客家の信仰は他の漢族集団と大差ないと断言していた。ところが、一九七八年になると、台湾の著名な客家研究者・陳運棟《ちんうんとう》は『客家人』のなかで、客家固有の信仰として、三山国王《さんさんこくおう》、義民爺《ぎみんや》、媽祖《まそ》を挙げた。特に、三山国王と義民爺は、今日、客家の主要な信仰対象として概説書などで挙げ

（1）もちろんマレーシアやインドネシアでもイスラームではなく、仏教や道教を信仰する客家も数多い。

（2）民俗宗教とは、一つの教団に身を置かず、現世利益を求めて複数の宗教を同時に信仰する形態を指す。詳しくは、渡邊欣雄『漢民族の宗教』（第一書房、一九九一年）を参照。

（3）三山国王信仰は、明山、巾山、独山という三つの山に対する信仰を起源としている。言い伝えによると、南宋の皇帝が元朝に攻められ逃走した時、この三つの山の神々が皇帝を助けた。その恩に報いるため、皇帝がこれらの神々に「国王」の称号を与えたことが、三山国王の由来だとされる。

（4）台湾では、清朝に味方し

写真20－1　掲西県河婆鎮の三山国王（2009年8月、河合撮影）

られることが多い。

そのうち三山国王とは、広東省掲西《けいさい》県河婆《かば》鎮の山岳信仰をルーツとしている[注3]（写真20－1）。その後、霊験あらたかであるというので、清朝までには潮州《ちょうしゅう》府（嘉応《かおう》州を含む）で拡がり、広東省東部で信仰される主要な神々の一つとなった。やがて客家が広東省東部から移住するにつれ、三山国王も海を渡って広がることになった。他方で、義民爺とは、非客家との械闘《かいとう》（他の宗族との武力衝突）や戦争において国／集団を守るために殉死した客家を神格化したものである。他集団に抗して自集団＝客家の絆を深める契機を与えた神として、特に近年の台湾では客家の精神的支柱とみなされることもある[注4]。

三山国王や義民爺は、特に台湾で「客家の守護神」として信仰されており、中国の広東省、マレーシアなどに分布している[注5]。ただし、これらの神々を祀る施設は大陸中国では潮州人地域の方が多いことを付言しておかねばならない。

多様な女神信仰

客家地域では多様な女神が信仰されている。なかでも広範に信仰されている女神の一つが、前述の媽祖である。媽祖は、「天后《ティエンホウ》」「天上聖母《ティエンシャンシェンムー》」などと呼ばれ、航海の神として知られている[注6]。海外への出稼ぎが多かった客家にとって、航海の神である媽祖は重要な神であり、沿岸部や港町では多くの廟が置かれた。また、客家地域でより普遍的

て閩南人と戦い、殉死した客家が義民爺として祀られている。他方で、中国の梅州では、元朝や清朝など異民族に抗して殉死した漢族の戦士を義民として祀っている。広西の博白では太平天国の乱で戦死した客家を祀る廟もある。ただし、この廟は博白の客家から義民廟とは呼ばれていない。（➡口絵写真参照）

（5）ただし、すべての客家が三山国王や義民爺を信仰しているわけではない。例えば大陸中国では福建省、江西省、四川省など多くの地域で、これらの神々が祀られていない。マレーシアのサバ州やベトナムでは、義民爺や三山国王の名前すらほとんど知られていない。

（6）宋代の福建省莆田に実在した林黙娘という不思議な神通力をもつ少女が、死後、仙人に誘われ神になったという伝承が残されている。千里眼と順風耳という神を従え、祀られていることも多い。

に信仰されているのは、観音であろう。

観音の像は、寺院だけでなく、廟や家庭にも置かれている。観音は子を授ける機能があると考えられているため、子孫繁栄の意味を込めて集合住宅に置かれることも少なくない。もちろん、媽祖や観音は客家だけの信仰対象ではないが、それらを「客家の特色」として崇拝する地域もある。例えば、観音は、ベトナムの客家の間で「客家の守護神」として表象されてきた（➡第八章参照）。

写真20－2　梅県の仙人婆婆を祀った祭壇。形状は墓に似ている（2009年3月、河合撮影）

他にも、客家地域で信仰されている女神は数多い。梅州だけでも、何仙姑《ホーシェングー》、九天玄女《ジウティエンシェンニュー》、七聖娘娘《チーシェンニャンニャン》、法妙仙人《ファーミャオシィエンレン》などさまざまな女神が祀られている。そのうち仙人婆婆《シェンレンポーポー》という女神は、義民信仰とも関係している。仙人婆婆とは、「異民族」の王である儂智高《のうちこう》の侵略を防ぎ殉死した女将軍・楊宜娘《ようぎじょう》を神格化したものであり、梅州の民の守護神として崇められている。(注7)

伯公と公王

世界各地の客家地域を歩いていて、特に目を引くのが伯公《はくこう》〈バッゴン〉への信仰である。伯公とは簡潔に言えば、土、木、水、石などの自然に宿る超自然的存在を指す。なかでも土地伯公（福徳正神とも呼ぶ）への信仰は、客家地域において特に重要である。例えば、中国の客家地域ではあちこちに土地伯公の祠があり、毎月旧暦の一日や十五日になると多くの人々が線香をもって参拝に行く。また、シンガポールやマレーシアでも伯

（7）儂智高はチワン族の民族英雄であり、十一世紀半ばに反乱を起こし一時は南寧を攻め広州を包囲するなどの猛威をふるったが、狄青や楊文広など宋軍によって鎮圧された。一説によると、楊宜娘は楊文広の姉であり、楊文広を援護するために出軍し、梅州を守って死んでいったという。楊宜娘（仙人婆婆）の祭壇は、梅州都市部の郊外にある明陽寨に祀られている。

（8）マレーシアも大伯公が「客家の神」とされるケースが少なくない。サバ州のコタキナバルでは、広澤尊王を祀る碧南

写真20‐3　シンガポールの大公廟に描かれた神像と廟の概観（2009年11月、河合撮影）

公信仰が盛んである。なかでもシンガポールの望海大伯公（写真20‐3）は、一八二四年に客家移民により建設され、客家の信仰を集めてきたため、客家のシンボルとみなされることがある。(注8)

伯公信仰は、万物（自然など）に魂を認めて崇拝するという意味で、文化人類学でいうアニミズムに相当する。客家地域では、こうしたアニミズムから発展した信仰形態が少なくない。特に「王」や「将軍」などの名称がつく神々のなかには、基本的に自然が神格化されたものもある。(注9) 先述した三山国王もその一例である。また広東省東部から福建省西部にかけて多く分布しているのが、公王である。公王の少なからず多くは、アニミズムに端を発しており、木や石などに権威づけをし、人格化したものも公王として信仰されている。

ただし、「王」や「将軍」を名に冠する神々の全てが、アニミズムを起源としているわけではない。一例を挙げると、梅州で信仰されている三十六将軍は、江西省からやってきて溺死した人々を神格化した存在である。三十六将軍は、民間の人々に憑依し、託宣する神である。客家地域では、こうしたシャーマニズムの習俗も広くみられる。(注10)

「客家の神」をめぐる表象と現実

紙幅の関係で全てを挙げることができなかったが、客家地域では他にも多くの神々が信仰されている。また、客家地域では、「鬼《グイ》」（悪霊）を鎮めるための参拝も盛んであり、

堂が閩南人の寺廟であるのに対し、大伯公廟が客家の寺廟であると言われることがある。また、大伯公といってもさまざまな種類が存在する。サバ州で最も客家が集中する地域の一つであるテノムでは、観音、大伯公、楊太伯公の三つが「客家の神」として言及されている。そのうち、楊太伯公とは、著名な風水師である楊筠松を祀った廟である（➡口絵写真参照）。

（9）王朝時代の中国では、自然をめぐる信仰は迷信とみなされることがあったため、皇帝や朝廷との物語を強調して、こうしたよろずの神々に「王」や「将軍」などの敬称をつけた。

（10）文化人類学では、死者の霊と身体を介して交信する信仰形態をシャーマニズムと呼ぶ。客家地域では、単に死者の霊と交信するだけでなく、病気になったとき、物事がうまく進まないときなどに、霊媒師からお告げをもらうことがある。

写真20－4　梅州の社官（2004年9月、河合撮影）

写真20－5　客家による保生大帝への祭祀（2014年11月、小林撮影）

城隍廟、社官などいくつかの施設が「鬼」を鎮めるために建てられている。

ここで注意しなければならないのは、客家により信仰されている神々は、潮州人や閩南人など他のエスニック集団によっても崇拝されていることである。世界中をみわたすと、客家だけが崇拝する「固有の」神々を見つけ出すのは困難である。また、客家の信仰のいくつかはすでに現地化している。イスラーム帽（敬虔なムスリムがかぶるつばのない帽子）をかぶった拿督公（注11）への信仰は、その代表格であろう。

だが、にもかかわらず異なる神々が、各地で「客家の守護神」として信仰されていることは注目に対する。前述したように、どの神々が「客家の特色」（注12）とされるかは、各地の社会的文脈によって異なる。換言すると、ある特定の神が「客家の守護神」と呼ばれる背景には、各地域におけるエスニック集団間の関係や、それをとりまく政治経済的な状況が密接に関係している。

（11）拿督は、マレー語のNa Tukを漢字に音訳したものであり、公は中国語で用いられる敬称である。Na Tukは、マレーシア、シンガポール、インドネシアなどの地域で広く信仰されている土地神、精霊であり、華人の信仰とも混ざり合っている。なお、拿督公の像はバリエーションがあり、必ずしもイスラーム帽を被っているわけではない。他方で、カレーを供物とすることもある。

（12）他方で、客家が主に信仰しているにもかかわらず、別のエスニック集団の神とみられるケースもある。例えば、円形土楼が集中する永定の客家により信仰さている保生大帝は、厦門を本拠地とすることから、「閩南人の神」とみなされている。ところが、厦門の白礁の地から、保生大帝像を盗んで村に持ち帰ったという物語とともに土楼の人々によっても信じられるようになった。

第二十一章　客家山歌

客家山歌とは何か？

客家の特色として土楼とならび、必ずといってよいほど挙げられるのが山歌《さんか》である。山歌は、「もともと戸外、特に山で即興的にうたう民謡」とでも定義できるだろうか。(注1)その歌の内容は労働や恋愛に関するものなど様々である。

山歌の基本的なスタイルの一つは、男女がそれぞれの思いを歌にして伝えるというもので、奈良時代の歌垣や、奈良・平安に男女の間で詠まれた短歌の応酬とも、どこか相通じるものがある。中国において山歌は、よく少数民族の特色としても取り上げられているが、(注2)漢族の間で歌謡が文化的特徴として挙げられることはやや例外的である。

中国に数ある山歌のうち、客家山歌は客家語でうたう山歌を指す。客家語のイントネーションでうたわなければ旋律をなさないこともあるが、客家山歌とはもともと広東客家語でうたわれた山歌を主に指したようである。興味深いことに一九七〇年代末の時点では、広東省の山歌が「客家山歌」であるのに対し、福建省西部の山歌は「関西山歌」として分類されている。(注3)

中原文化か、下賤な風俗か？

客家山歌はがいつ頃から始まったのかは明らかではない。だが、少なからずの学者が、

(1) 一般的に山歌は民謡の一ジャンルとして位置づけられており一定の旋律構成の枠組みに従い、不特定な歌詞を即興的に歌うことを特徴としている。詳しくは、東暁子「台湾客家山歌の旋律の同一性」(『東洋音楽研究』五二号、七九・八二頁)を参照。東によると、山歌には「老山歌」「山歌仔」「平板山歌」の三種類がある。

(2) 中国西南部の貴州省、湖南省などに住むトン族については、「ルーツも恋も伝える合唱」(『朝日新聞』二〇一六年一月一五日)を参照のこと。

(3) 周達生「客家山歌をめぐって」(『民博通信』九号)を参照。日本の華僑でもある周達生(国立民族学博物館名誉教授)

客家山歌と竹枝詞《ちくしし》の間に密接な関係があると指摘している。竹枝詞とは、もともと巴《は》蜀《しょく》（今の四川省とその周辺）地方で興った民間の歌謡であるが、唐代に白居易ら中原の詩人が、それを改変して取り入れ流行させた。（注4）それゆえ、客家山歌のルーツが中原にあると主張されることもしばしばある。

しかしながら、過去を遡ると、山歌は下賤かつ低俗な文化として政府により度々禁じられてきた。山歌は、時として恋愛の自由や性的な表現が反映されることがあり、また山歌を通して互いの集団を風刺し、集団間の争いに発展することがあったからである。そのため、二十世紀半ばまで公序良俗に反するものとしてしばしば抑圧の対象とされてきた。また、山歌は労働者がうたったため、紳士階級（エリート層）により下賤で淫靡な風俗としてみなされていた。現在にみるような一種の文学・芸術としては評価されていなかったのである。（注5）

だが、それでも山歌は、当時の生活に欠かせない習俗として、客家の民間社会では続けられてきた。儒教的な礼教や過酷な労働に抑圧された人々にとって、山歌は自由を表現できる重要なツールであった。それゆえ、農作業中に歌をうたったり、農閑期に山に上ってうたったり、異性と交流したりすることは、彼らの貴重な娯楽の一つであった。例えば一九二〇年代、広州の越秀《えつしゅう》山麓に居住する客家は、中秋節の前後になると一晩中、こちらの一群がうたうとあちらの一群がうたい返すという形で山歌がうたわれていたのだという。（注6）

山歌研究の開始

清代初期、屈大均《くつだいきん》（一六三〇～一六九六）が、『広東新語』で劉三姐《リウサンジェ》に触れている。劉

は、改革開放政策直後の中国東南部に赴き、客家山歌に関する資料を収集した。

（4）竹枝詞は七言絶句で男女の愛情や風土などをうたう比較的素朴な歌謡である。詳しくは、胡希張・余耀南『客家山歌知識大全』（花城出版社、一九九三年、一一三頁）を参照。

（5）胡希張ほか『客家風華』（一九九七年、四二四頁）参照。

（6）前掲の周達生「客家山歌をめぐって」に詳しい。胡希張・余耀南（前掲、二二頁）を参照されたい。

三姐とは唐代の有名な歌仙で、美しく歌唱力に長けたその姿は今では映画や歌劇ともなり、広西では知らない人はいないほど有名である。しかし、もともと劉三姐の逸話は広東省と広西の双方にまたがっており、広東省では「劉三妹《リウサンメイ》」と呼ぶ。現在では客家山歌の形成と劉三妹が結びつけられることもあるが、屈大均は少数民族の風習として紹介している。

山歌を文学として最初に評価したのはおそらく清末の外交官・詩人である黄遵憲であろう。第三章で述べたように、黄遵憲は日本ともゆかりある人物であり、当時としては革新的な口語詩を提唱、伝統的な漢詩のスタイルにとらわれず、話し言葉を歌にした山歌に着目した。彼の代表作の一つ『人境盧詩草』には、客家山歌の歌詞が収められている。

民国期になると伝統文化をみなおす潮流を受けて、近代的な視点から文学研究者が山歌の研究に着手するようになった。中山大学刊行の『民俗』をはじめとする当時の学術雑誌では、山歌をめぐる研究が徐々に現れるようになり、下賤で低俗とされていた山歌は、徐々に文学的価値をもつ文化として見直されていくことになる。

「芸術」としての昇華

一九四九年に共産党政権が成立すると、まもなくして客家山歌は新たな価値を付与されることとなる。客家山歌は、もはや低俗で下賤な歌ではなく、「芸術」として昇華されていくのである。共産党政権は、客家山歌を支持し、関連の機構を設置し、資金を出し、イベントを演出する土台を築きあげた。そのなかで客家山歌と民間芸術を融合させて、客家山歌劇が創作されるようになった。一九五八年に広東省梅州市山歌劇団を設立

写真21-1　梅県・松口で客家山歌を教わる子供たち（2005年8月、河合撮影）

し、その後、『彩虹』『漂流的新娘花』『等郎妹』といった有名な山歌劇が創作された。さらに、改革開放政策後の一九八〇年二月に梅県で元宵客家大聯賽が開催されたのを皮切りに、梅州や深圳など各地で客家山歌に関連するイベントが催されるようになっている。

一九四九年以降、客家山歌は政府により支持されるようになった反面、政治的な意味も付与されるようになった。例えば客家山歌は、次の歌詞にみるように女性解放のキャンペーンとしても使われることもあった。

画眉出籠飛山坡　鯉魚脱網游大河
（籠の鳥だった女性は籠を飛び出し山を駆け　鯉は網を抜けて大河を泳ぐ）
打開封建旧鎖鏈　婦女高唱自由歌
（封建制度の軛を脱して　女性は高らかに自由の歌を謳う）

また改革開放政策が始まると、客家山歌は海外の客家華僑と交流する文化的なツールとしても使われるようになった。一九八〇年代以降、梅州は客家山歌演唱団を組織して、台湾、香港、タイ、シンガポール、マレーシア、モーリシャス、アメリカ、ヨーロッパ諸国などを訪れ、客家山歌の公演をおこなった。さらに山歌は、地域空間の特色をつくる資源として、観光化にも使われるようになっている。梅県の雁南飛《がんなんひ》リゾート地、客天下観光リゾート地、河源の蘇家囲《そかい》などではいずれも客家山歌（劇）を公演する舞台が設けられている。

現代音楽との融合

客家の海外への移住にともない山歌も世界各地にもちこまれることとなった。なかには客家山歌を継承している地域もあるし、すでに失われてしまった地域もある。前者の代表例は台湾であろう。台湾ではかつて茶の栽培と山歌が結び付けられており、異性との交流を兼ねる側面もみられた。近年はそうした意味合いが薄れているが、特別なイベントの時には客家山歌の演唱がおこなわれている。一九八〇年代前半に台湾で調査した東暁子によれば、[注7]新竹で中元節におこなわれる義民祭のほか、春節を祝う山歌の集い、「客家之夜」と称して夏に開かれる催しなど、客家山歌と関連する公的なイベントが出現するようになっていたという。

写真21 - 2　日本客家団体の年会における客家山歌の合唱（2014年4月、大阪・梅田で河合撮影）

（7）前掲の東暁子論文を参照のこと。

近年、大陸中国や台湾だけでなく、世界各地で客家山歌を継承しようとする客家団体がいくつか存在している。しかし多くの若い客家は各地の流行音楽を好み、山歌には関心を示さない。世界客都といわれる梅州もその例外ではなく、山歌が政府のイベントや宗族の年中行事に取り入れられることがあるが、その担い手はたいていが高齢者か専門家集団である。民間もしくは学校で若者に山歌が教えられることがあるが、その影響力は全体的には限られている。今日では多くの若者は山歌を日常的に歌うことなくカラオケで香港や台湾の流行歌を口にしている。

ただし、そうしたなかで注目されるのが、近年の台湾での動向である。そこでは客家山歌と流行音楽を融合し、新しいスタイルの音楽が登場している。(注8)こうした新しいスタイルの音楽は、台湾を超えて中国や世界の客家社会でも受容されるようになっている。このように客家山歌は、時を超え、その時代のニーズに合わせながら受け継がれてきたのである。

(8) その代表者として台湾の客家歌手である、林生祥、羅思容らが挙げられる。

第二十二章　伝統工芸

客家は、長い年月をかけて多様な物質文化をつくりだしてきた。そのなかには「工芸品」「美術品」として高い評価を受けているものもある。客家により生み出されてきた伝統工芸は枚挙に暇がない。ここではその全てを挙げることはできないので、主に広東省、福建省、台湾で知られる工芸品のうち、石雕《せきちょう》、木雕《もくちょう》、花灯《かとう》、陶器、紙傘、藍染、花布《かふ》の七つを紹介する。

石雕と木雕

広東省や福建省の客家地域では、石や木を彫る工芸が盛んである。

写真22－1　広州のシンボル・五羊石雕（2014年11月、田中孝枝提供）

梅州の五華県は、「石匠の故郷」とも呼ばれており、石雕（石の彫刻）で有名である。五華県における石雕の歴史は四〇〇年余りあり、多くの有名な石工職人を輩出した。広州のシンボルである五羊石雕をはじめ、同市の海珠広場にある人民解放軍の彫像、南越王墓前の石雕などは、五華石雕の代表作とされる。（注1）現在、五華県の石雕制作技術は、広東省の非

（1）他にも、広州にある聖心大教堂（石室）、烈士陵園の葉剣英像、従化にある北回帰線標示塔、珠海のシンボルでもある珠海漁女の像も五華石雕の代表作とされる。五華県のほか、福建省龍岩の長汀県でも唐代から石雕が制作されている。

物質文化遺産（無形文化財）に認定されている。

他方で、広東省東部と福建省西部は、竹や木の生産地であり、木や竹を用いた工芸が栄えてきた。（注2）その一環として、木雕（木彫り芸術）も盛んにおこなわれている。広東省では潮州の金木雕《きんもくちょう》（注3）が有名であり、その技術が五華県などの客家地域に伝わった。

花灯

花灯とは、いわゆる灯籠のことである。木や竹を骨組みとし、紙や布を用いてつくる。客家地域では、花灯は、春節、元宵節、舞踊イベントなど、主にハレの日の行事に使われてきた。福建省では、連城県南部の芷渓古村で制作される、芷渓花灯が有名である。

写真22‐2　忠信花灯（2010年11月、河合撮影）

他方で、忠信花灯は、広東省の非物質文化遺産にも登録されている。この花灯は、河源《かげん》の連平《れんぺい》県忠信鎮で制作されており、清代から元宵節の時に掲げられてきた。忠信花灯は通常、四角、六角、八角、一二角形で、上下に分かれている。上の灯を入れる母体の外装は絵画や切り紙で装飾がほどこされており、下は数多くの帯が垂らされている。（注4）忠信花灯は、今や河源における客家文化のシンボルとなっており、同市で二〇〇九年に開催された世界客家大会で主要な装飾品とされたほか、客家文化広場で巨大なレプリカが飾られている。

（2）とりわけ福建省西部の客家地域では、製紙業が栄えてきた。寧化県の玉扣紙は、宋代より皇帝も用いてきたのだといわれる。また、客家地域では木偶劇と呼ばれる木の人形を使う人形劇が盛んで、そのための人形をつくる技術も発達してきた。

（3）木を人物、植物、動物などの形に彫り、金箔を塗る技術である。主に建築装飾、仏像、家具などに使われる。現在、中国では福建省東山県の金木雕が知られるが、それも最初は潮州から梅州の大埔県を経由して伝わったものとされる。

（4）詳しくは、呉娟容著『忠信花灯』（広東人民出版社、二〇一〇年）を参照のこと。

陶器

中国で陶器が有名な地域というと、日本で真っ先に挙げられるのが景徳鎮であろう。だが、広東省、福建省、江西省の境界地域も中国における陶器の生産地の一つであることは意外と知られていない。特に梅州の大埔県にある高陂鎮は、古くから陶器の生産地として知られており、「北有瓷都景徳鎮、南有高陂白玉城」(陶器の都として、北に景徳鎮あり、南に白玉《はくぎょく》城《じょう》あり)と呼ばれてきた。(注5) なかでも、白をベースとする皿、茶碗、花瓶などの陶器に青い花柄や景色の模様を施す、青花瓷が主要な銘柄となっている。近年、ここの青花瓷は、客家の主要な伝統工芸として宣伝されるようになっている。(注6)

紙傘

写真22-3　美濃紙傘の制作。絵柄を描く(2015年4月、河合撮影)

紙で傘をつくる技術は中国では古くからあり、日本でも紙で傘が制作されてきた。(注7) 現在、中国の観光地で紙傘を見かけることも少なくなく、この工芸品も客家特有のものではない。にもかかわらず、紙傘、特に台湾南部の美濃の紙傘(通称、美濃紙傘)は、台湾の代表的な客家文化の一つとみなされている。美濃紙傘は観光ガイドブックにも掲載されるほど知名度が高いが、その歴史は実は一〇〇年も経っていない。民国の初期、ある美濃の酒造職人が潮州で紙傘の技術を学び、その技術を帰郷後に広めたことが始まりであった。

(5) 高陂鎮は、大埔県の南部に位置する行政区域である。住民の絶対的多数は客家で占められる。シンガポールの建国者リー・クアンユーのルーツでもある。大埔県の青花瓷は、宋代に始まり、明・清の時代に盛んに制作されるようになった。

(6) 大埔県の博物館では、地元の工芸品である青花瓷が展示されている(二〇一七年十一月の観察による)。

(7) 紙製の傘は、日本では和傘ともいう。岐阜の和傘などが知られ、現在でも制作されている。

だが、紙傘は美濃の客家の生活に欠かせないものとなった。この傘は、単に雨に濡れないようにする道具としてではなく、女性の嫁入り道具としても使われた。(注8) やがて一九六〇年代よりビニール製の傘が普及し、伝統的な文化的意味が薄れていくと、紙傘は不況に陥った。しかし、一九八〇年代に観光化が始まると、紙傘は観光商品の一つとして注目されるようになった。かつては簡単な花柄模様を描く程度であったが、今では、地元の景観、円形土楼、日本のアニメ・キャラクターまでもが紙傘に描かれるようになっている。(注9)

藍染

藍染は、植物（アイ）から抽出した染料を用い、青色に染めた染物を指す。(注10) 紙傘と同様、藍染の製作は日本でもおこなわれてきたが、近年の台湾では客家の伝統工芸品の一つとして表象されている。かつて客家女性が着ていた衣服（大襟衫）が、藍染によりできていたからである（➡第十四章参照）。

例えば、美濃では、日本統治時代に藍染の技術が導入された。中国大陸から師匠を招いて藍染の服を製作する店を開き、また、女性は藍染の服を製作する技術を花嫁修業として学んだ。その後、藍染の製作技術は、洋服の流行や伝統的価値観の衰退に伴い失われていったが、近年、台湾における客家文化産業の進展に伴い復活している。(注11) さらに、伝統的な藍染技術を継承するだけでなく、工芸家の創意によりさまざまな絵柄がほどこされた「美術品」としても売られるようになっている。

花布

(8) 紙傘は別名、油紙傘という。油紙傘は客家語で〈ユーズーサン〉というが、この音が「有子傘」（子供ができる傘）と同じ音であるため吉祥物とみなされたのである。

(9) さらに、二十一世紀に入り、台湾で客家文化産業が推進されるにつれ、美濃紙傘は客家文化の符号と密接に結びつくようになった。

(10) 日本では徳島県の藍染が有名である。

(11) 一九八〇年代に制作・放映された『原郷人』（李行監督）の影響も少なくない。美濃を舞台とするこの映画が上映されると、作中に藍染の服を来て紙傘をさす女性がでてくることもあり、藍染は失われた客家の伝統文化として見直されるようになった。

台湾の工芸品の代表となったのが、花柄の布＝花布である（⬇口絵写真参照）。もはや客家工芸の枠を飛び越えた感のある花布だが、その歴史はさして古いものでもなく、客家と関係があった訳でもない。背景にあったのは一九六〇年代後期に台湾市場で生じた、綿織物への需要である。急激に増大した需要のなか、それに見合うだけのデザインや染色技術が追いつかなかった。それゆえ、当時の日本の花柄布を参考にしつつ、台湾市場の嗜好に合わせて生み出されたのが花柄布であった。こうした何の変哲もない花柄布は、二〇〇二年に行政院客家委員会が開催した「花布靚靚——客家女性美学生活展」で、労働着の柄とされた。

当初は中華文化の伝統的な柄である牡丹が主流だったが、後に台湾の客家居住地域と桐の分布が重複していたため、桐の花柄も浸透し始めた。次第に藍地に白い花柄の野良着を来た女性が客家女性のアイコンとなり、大陸中国でも使われるようになった（注12）。今では、もはや「古風」と言えない花柄布と現代的な女性の組み合わせまで紹介されるようになっている。

（12）桐花の方が後発でありながらより広く知られるようになったのは、客家女性→質素→藍色の地味な野良着を着ている→画像化（ゆるキャラ化）する際、藍色地に白い桐の花が描かれていると見栄えがする、と考えられたからである。

コラム②

土楼の暮らし――小林宏至

土楼で暮らすことについて

客家に関する書籍や論文を調べるとすぐに分かることなのだが、土楼に関するものがやたらと多い。特に一九九〇年代からその傾向は強く、いわゆる「一般書」においてはそのほとんどが土楼建築に触れられている（触れざるを得ないほどの存在感があるともいえる）。建築学、歴史学、民族学のみならず、旅行ガイド、ビジネス書などといった様々な書籍のなかで土楼は紹介されているわけだが、そこで描かれる土楼は、いわゆる建築様式と土楼生活者の情報、旅行者の記録であり、実際の土楼生活者としての記録はほとんどない。そもそも土楼に長期間滞在することは容易ではなく、フィールドワークという目的でもない限り一年以上滞在し続ける理由もないだろう。

筆者は二〇〇八年～二〇一〇年にかけて、中国政府奨学金の高級進修生として厦門大学に留学していたが、その間に土楼滞在の機会を得た。一年半～二年間にわたって、中断期間はあるものの福建省永定県の土楼に住まわせてもらった（それを理解し、許可してくださった指導教官の鄧暁華先生には本当に感謝している）。当時はちょうど、土楼が世界文化遺産に登録された時期（二〇〇八年七月）でもあり、国内外から多くの観光客が訪れ、いわゆる「土楼バブル」とでも言えるような熱気に包まれていた。本コラムでは、論文や学術書といった媒体では描けないような、フィールドでのこぼれ話、土楼生活で感じたことなどを書きたいと思う。

思い出される暑さと寒さ

土楼に関する書籍を読むとよく目にするのが、「土楼は夏涼しく冬暖かく、住環境としてとても優れた建物である」という記述である。たとえば代表的な土楼のひとつである振成楼に関しては、年間を通して外気より日較差が少なく過ごしやすい住空間であることがデータで検証されている（張興蘭ほか「振成楼的小気候特色与成因」『永定客家土楼論文集』、作家出版社、二〇〇一年）。しかし同じ論文内にて、「だが振成楼の三階に限っては夏場は暑い」であるとか、「隣接する土楼は外気よりも暑い」とデータで示されているように、土楼が住環境として寒暖の差に対応しているかというと疑問符が浮かぶ。

実際に土楼で暮らしてみると暑さ寒さが身に染みる。帰国後「土楼での生活で一番印象に残っていることは何ですか？」と訊かれることがよくあるのだが、わたしは迷うことなく「暑さと寒さです」と答えている。しかし、そうはいっても土楼は山間部に位置しているため夏季であってもそれほど暑くなく、また冬季であっても緯度が沖縄より南に位置するため極端に寒くはない。実際、土楼内の部屋の温度は夏季の暑い夜で三〇度前後、冬季の寒い時期だと一〇度を下回るくらいで、どうにかやり過ごせない気温帯ではない。だがしかし同地で実際に、夏冬を越えるとなると話が違ってくる。

よく北海道や東北地方の人が東京に来て「東京の方が寒く感じる」というのと同じように、体感温度としてのそれは実際の気温以上のものがある。つまり「どうにかやり過ごせる」気温帯のため、土楼内には一切の冷暖房器具がないばかりか（少なくともわたしが居住した土楼にはなかった）、夏季が長いためダウンジャケットのような厚手の防寒具も皆持っていないのである。一番暑い時期は、二十四時間、常に三〇度前後の気温のなかで過ごさなければならず、一番寒い時期も同じく常に一〇度以下の気温のなかに身を置かれる。そのため夏場は思考が停止し、冬場はなかなか布団から外に出ることができなかった。村で生活しているとき、夏と冬の挨拶はきまって、「とても暑いわ〔ホンゲ〕」と「とても寒いわ〔ハンホワン〕」であった。

写真②‐1　大門前で憩う人々（2010年6月、小林撮影）

ご飯へのお誘い

挨拶の話を続けよう。土楼一帯の客家語には「こんにちは」に該当するコトバがない。より正確には言えば、客家語で「こんにちは」に相当するコトバがないわけではないのだが、誰も使っていない。

ご存知の通り日本語の「こんにちは」に相当する中国語は「ニーハオ（你好）」であり、これを客家語にそのまま「変換」すると〔ハインホウ〕となる。もちろん意味は伝わらなくはないのだが、十年以上にわたる調査のなかで村人同士がこのコトバを使っているのを一度として耳にしたことがない。彼らは日常的に朝も、昼も、夜も、夜中でも〔スーポワンマンユー〕というコトバで挨拶をする。これを今度は逆に中国語に置き換えれば「ご飯食べたかい？（吃饭了没有？）」ということになる。その返答は、「食べた」「まだだ」のどちらでもよいのだが、「まだだ」と答えると、じゃあご飯を食っていけと誘われることが多く、これがまたなかなか断りにくい。

ご飯に誘う情熱はかなりのもので、さまざまな手法を用いて相手にご飯を食べていってもらうよう努める。土楼に滞在した当初は、わたしが村社会における「他者」であるため、気遣いを伴う行為かと思っていたが、どうやらそうではないことが次第にわかってくる。彼らは知り合いが目の前を通るとご飯に誘おうとするし、どうにかして食べていってもらおうとあの手この手を使って客人（といっても隣人なのだが）を引き留めようとする。

お昼前などはそれが顕著で、十一時頃に友人宅を訪ねようものなら、会って十分もしないうちに相手がソワソワしだし、「ご飯を食べていきなさい」と畳みかけてくる。お茶を何度も注がれ、その間にタバコも振る舞われる。昼食時までの「つなぎ」として落花生、菓子、季節の果物などが次々に手渡され、食事までの時間をつなごうとする。食事が振る舞われ、客人がお腹いっぱいになると彼らは満足そうに微笑む。この愛すべき慣習は土楼内、村落内の至る所でみられる光景である。

ところで、飲食のお誘いは何もご飯だけに限らない。お茶の誘いが一番多いのだが、だいたい日に五回ほどは露天の茶会に誘われる。「スーチャア」と声をかけられ、竹で編まれたイスが向けられる。土楼内、村落内を歩いていても、バナナ、みかん、落花生、パイナップル、サツマイモ……さまざまなものが手渡される。これもまたわたしに限った話ではなく、皆が皆に渡すのだ。冬場の一番寒い時期には土楼内でふかしたサツマイモをよくもらったが、冷え切った身体にサツマイモと隣人のあたたかさが身に染みた。もちろん、個人でモノを所有するという意識もあり、さまざまなモノには名前が書かれたりするのだが、バイクであれ家具であれ、だいたいが皆のモノという意識で使われ、食べ物や飲み物に関してもその意識は大よそ共有されている。

土楼一帯でもっとも好まれて食べられているの

写真②－２　思い出深いサツマイモ（2009年11月、小林撮影）

は、やはり主食である米であるが、地理的条件もあって人口を支えるだけの米を土楼一帯の人々は生産することができない。そのため古くから茶やタバコといった換金作物を作り、糊口をしのいできた。やはり改革開放政策までは食生活が非常に貧しく、米や餅などはご馳走だったという。牛や豚などもめったに食べられるものではなく、普段は野菜、栗やサツマイモなどで「食いつなぐ」生活が続いていた。そんな（貧しい時代を過ごしてきた）彼らと山に入ると、これは食べられる草だ、身体を冷ます薬草だ、「甘い」タケノコだなどと様々なことを教えてくれるので楽しい。客家料理といえば、第十五章でも触れられているように、「梅菜扣肉」や「醸豆腐」などがよく知られているが、土楼一帯では家庭料理としてそれらが食卓にのぼることはめったにない。観光客用にはもちろんそれらが提供されることもあるのだが、家庭で食べられる料理はもっと質素で野菜が主となるものが多い。

わたしが特にこの地域における「おふくろの味だなぁ」と感じる食材がある。それは蓋菜〔オイチョイ〕という野菜で、日本でいうところの高菜に近い。オイチョイは収穫の後、乾燥させ塩漬けにすることで保存され、オイチョイとしてだけでなく、どの料理にも加えられる。季節を問わず、場面を問わず、また合わせる食材を問わず、常にこのオイチョイは食卓に登場する。改革開放以前からオイチョイは食べられていたというから、まさにこのオイチョイこそが土楼一帯の客家のソウルフードと言っても過言ではないだろう。本当にこれを食べない日はなかったと言ってもよいくらいだ。

部屋はプライベート空間に非ず

写真②-3　オイチョイと甜笋の和え物
（2017年5月、小林撮影）

土楼で生活していて困ったことのひとつが、四六時中、誰かに「監視」されているということであった。わたしがいつ、どこで、誰と何をしたか、などということは村中に筒抜けになっているのは言わずもがな、土楼の部屋にいてもわたし個人だけの時間・空間を確保するのはなかなか難しかった。たとえば村落内の話であれば、こんな思い出がある。わたしが安物のプラスチック机を買いに隣村の定期市まで行き帰ってくると、わたしが話し出す前に友人から「隣村で机を買ったらしいね」と言われた。わたしの存在がまだ珍しかった頃、わたしのすることと為すことは常に村人の関心事だったのか、たいがいよく知られていた。土楼の部屋に居る時であれば多少は自分の時間が持てたが、昼寝をしている時に格子窓の隙間から子どもたちが何度となく様子をのぞきに来たり、夜更けに何の用事がある訳でもなく隣人が、部屋の戸をたたき様子を見に来るようなことがあった。

ただ逆に言えば、自分も土楼内の他の居住者がどのようなことをしているのかが、手に取るように分かった。「あぁ、あの婆さんは毎日決まった時間に昼寝をするのだな」とか、「あの家の主人は今日は帰りが遅いな」とかである。尾籠な話で恐縮だが、夜中に爺さんが廊下に置いてある壺に小便をする音までよく響いた。だいたい決まった時間に用を足すのだが、それを耳にするにつけ、今日も平穏な時間が流れていると感じたものである。土楼での生活は、人々の日常のリズムのなかに身を置くことであった。そんなある日、ちょっとした事件が起こった。わたしのパソコンが盗まれたのである。結論から先に言えば、パソコンは無事戻ってきたのだが、今考えるとよく探し出せたものだと我ながら感心する。

パソコンが盗まれたのは日中であった。夕刻、友人宅から土楼の部屋に戻ってきたわたしは、すぐにパソコンがないことに気づいた。一通り部屋のなかを探してもないことがわかると、愕然とした気持ちになった。というのも調査データのほとんどをパソコンに保存していたためである。またパソコンと併せて外付けのHDDもあったのだが、それもそっくりなくなっていた。気が動転し、夏場であるのに冷や汗が流れた。わたしはまずパソコンがなくなったという現状を受けとめ、誰が犯人なのか静かに脳内「検索」することにした。わたしを嫌っている人がいたのではないか？　パソコンを盗むような性格の人がいただろうか？　誰が何の意図でやったのだろうか？　これまでに何か前兆らしきものがあっただろうか？　そのようなことを何度も何度も記憶をたどりながら考えた。

するとパソコンが盗まれる二日前、不可解な出来事があったことを思い出した。わたしの部屋の格子窓がいつもとは違う形にズレていたのである。後で分かったことなのだが果たして犯人はその日、実際に下見をしに来ていたのであった。犯行の二日前のその日、何かおかしなことは他になかったかさらに記憶をたどる。すると、わたしの脳内にひとりの少年の姿が出てきた。彼は特段親しい間柄でもなかったのだが、ちょうど犯行の二日前わたしの部屋の近くを通っていたのを思い出した。彼の日常的な行動範囲のなかにわたしの部屋の前の廊下は含まれない。わたしは彼が犯人であることを確信し、親しい友人などの力を借りて、彼を問い詰めた。案の定、わたしの読み通り犯人はその少年で、少年が隠した場所からパソコンは救出された。

「まぁ子どもがやったことだから」ということ

で、それ以上少年は咎められることはなく、わたしもパソコンやＨＤＤが戻ってきたので彼を必要以上に責めるつもりはなかった。パソコンという機器が珍しく手に取りたかったのであろう。しかし犯人を探し出すことができたのは今考えても奇跡に近い。危機に瀕して研ぎ澄まされた記憶力のみならず、人々の日常のリズムが織りなす環境に身を置いていたからこそ「異変」に気づけたのであろう。土楼建築の形状を指して、ベンサム（あるいはフーコー）のパノプティコン（全展望監視システム）のようだという人がいるが、土楼の旧居住者としてわたしもそれに同意する。ただ土楼はだれもが「囚人」であり「看守」でもある。わたしは平素こそ「囚人」としての役回りであったが、危機に瀕して「看守」としての力を発揮したのだった。

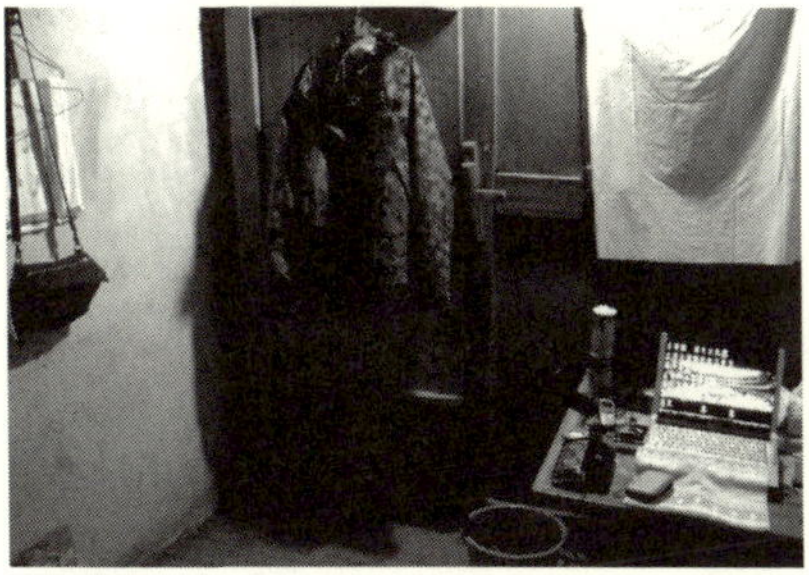

写真②-４　白いカーテンの向こう、格子窓の隙間からパソコンは盗られた！（2009年11月、小林撮影）

土楼とその外の世界

土楼での生活が一年を超えた頃になると、わたしの部屋をのぞきに来る者も少なくなった。その頃になるとわたしも調査らしい調査をせず、一村人として生活するようになっていた。外国人旅行者の通訳、荷物運びなどの仕事以外は、友達の家に行き茶を飲んだりして長い午後をやり過ごす日々が続いた。ときどき土楼内で行われる粟の脱穀や、畑で採れた落花生をえり分けたりなどの農作業を手伝ったりもした。土楼内の人々の動きに目をやると、井戸の水くみ、家畜の世話（給餌や掃除）、衣服の洗濯、洗顔、水浴び、歯磨きなど、一日のほぼすべての時間を一階のキッチンと共用スペースで過ごしていることがわかる。長い夏場は、風の通り道である入り口付近が人気で、夕方になると皆仕事の手を休め、大門のあたりに集まりお喋りに興じていた。

一見すると土楼は閉鎖的な外観をしているが、人の出入りは非常に多く、ほとんど皆、自由に出入りしている（ただそれでも「監視」機能が働くため誰かしらの目に入るという意味では防犯的であるといえるかもしれない）。出入り口の大門の近くに腰掛けていると、さまざまな来訪者をみることができる。朝は豆腐屋、肉屋などの食材を売りにくる人々。肉は量り売りで、いずれも顔見知りの村人が売りに来る。昼頃になると食器や茶碗などを扱う「流し」の物売り、柚子《ヨウズ》（日本の柚子とは異なりメロンくらいの大きさのフルーツ）などの果物売り、ナツメなどの行商もやってくる。子どもが学校から帰ってくるころには菓子売りなどが軽快な音楽を鳴らしながら自転車を走らせる。夕方を過ぎると物売りは来なくなるが、今度は友人の家を訪ねて近隣の住民が遊びに来る。同様に近隣住民を訪ねに、土楼の人々も出ていく。ひとつしかない土楼の大門は常に多くの人の行き来が行われている。

写真②－５　大門の壁に張り出される掲示（2016年11月、小林撮影）

多くの人が通るということは、それだけ多くの人目につく場所ということでもある。そのため大門付近の壁には、さまざまな掲示がなされることが多い。神様の祭祀にかかった費用の収支報告や、結婚式の「祝儀」一覧、葬式の「香典」一覧、今後五年間にわたる祖先祭祀の当番表などが貼り出される。こちらも明朗会計で、誰がいくら支払い、どの活動にいくらかかったかなどが（少なくとも表向きは）明示される。

先に土楼一帯は土楼一帯の人々を賄うだけの米を生産できないことに触れたが、それが顕著に示すように土楼一帯の経済は、決して土楼だけで閉じてしまうものではない。日用品こそ、五日に一度やってくる定期市で買われるが、大きな買い物となると華僑の資本や出稼ぎによる資金調達が関係してくる。また近年、土楼から都市部へのアクセスが非常によくなったことから、土楼の人々が近くの大都市である厦門に出る機会も増えた。

都市部への移動は、かつてこそ出稼ぎという名目のためのものであったが、近年ではレジャーや買い物目的で行く者も多い。厦門市のM厝という街には土楼一帯の人々が築いたコミュニティがあり、そのレストランではオイチョイが食べられ、土楼一帯の客家語が話されている。改革開放以前こそ、土楼に住まう人々のライフコースは農業がほとんどであったが、最近の若者たちはまずはM厝を経由して都市部へ出る機会を得、様々な職業に就くようになっている。かつてわたしが滞在した土楼は、数十世帯数百人が暮らしていたが、現在は数世帯十数人が暮らす程度になってしまった（わたしが滞在中、既に過疎化はすすんでいた）。土楼が文化財として保護される対象となり、住居としての役割を終える日が来るのも時間の問題かもしれない。しかし、かつての土楼居住者間の関係性はいまだに密であり、少なくとも現在でも強く意識されている。

第Ⅲ部　表象とアイデンティティ

第二十三章　客家語

客家語とは、その名の通り客家が話す言語である。客家語は漢語の一種ではあるが、標準中国語（日本では中国語、中国では「普通語」、台湾では「国語」と呼ばれる言語）とは意志疎通がとれないほど異なる。(注1)また、客家語は、同じく南方の「方言」である広東語や閩南語などとも意思疎通を図ることができない。言語学的にも一つの独立した言語として認められている。客家語は、客家としてのアイデンティティを確認する一つの（しかし重要な）指標ともなっている。この章では、客家語とはどういうカテゴリーなのかを示す。(注2)

客家語の形成

客家語の起源には諸説がある。だが、客家語が「中原漢語」に起源するという見解は、初期の客家研究から一貫して支持されてきた。例えば、客家学の祖である羅香林はこうした前提に立ち、客家語には多くの古代中原漢語が含まれていることを指摘した。(注3)現在の「常識」に基づくと、客家語とは、中原の古い漢語をベースとしつつも、南方民族の言語と交じり合うことで形成された、独自の言語である。

ただし、客家語は「中原漢語」ではなく、南京官話をベースとする言語であるとする説もある。とりわけ福建省西部を流れる汀江一帯では、明代や清代に鉱山業や製紙業な

（1）日本で「中国語」と呼ばれるのは、北方を中心とする標準語である。他方で、中国ではさまざまな漢語方言がある。特に広東語、閩南語、潮州語、温州語、客家語など南方の方言は、いずれも標準中国語とは意思疎通ができない。漢字を使うことは共通しているが、これらの南方方言は標準中国語とは異なる漢字を一部使ったり、時として文法構造が異なることもある。

（2）この章では、言語学ではなく、歴史学・人類学の視点から客家語について解説している。それゆえ、言語そのものより、言語のカテゴリー形成をめぐる社会・文化的背景に焦点を当てている。

（3）羅香林（『客家研究導論』、

どが栄え、さまざまな地方から出稼ぎ労働者が集まった。その時に使用された「共通語」が南京官話であり、それが現地化することで汀江一帯で誕生した汀江語こそが客家語の起源であるとする見解も提示された。(注4)

客家語の多様性

客家語は、大陸中国から台湾、東南アジア、さらには世界中で使用されている。客家の人口は数千万人から一億人と見積もられているので（➡第二章参照）、客家語はグローバルな言語ととらえることができるかもしれない。今までの概説書のなかには、孫文や鄧小平などの客家の偉人が成功した一因として、「どこに行っても客家語が使える」ことが挙げられることもあった。だが、この指摘は、半分当たっているが、半分外れている。なぜなら、同じ客家語といっても、その内部にはかなりの多様性が存在するからである。

まず大陸中国をみてみよう。第二章で述べたように、客家は、広東省・福建省・江西省の境界地域をはじめとし、中国南方各地に居住している。しかし、

図23-1　中国東南部における主な客家語使用地区

一九三三年）を参照。なお、言語人類学者・鄧暁華によると、一般に言われている「中原時代」とは唐代末から五代、宋に至るまでを指す。

（4）蔡驎（『汀江流域の地域文化と客家』、二〇〇五年）を参照。さらに蔡驎は、当時の客家とショオ族の境界が曖昧であったと論じている。

中国南方各地の客家語は必ずしも互いに意思疎通を図れるわけではない。広東省・福建省・江西省の境界地域だけをみても違いは歴然としている。一般的に「標準的な」客家語とされる広東省梅県の言葉は、近隣の諸言語とは対話することができる。だが、福建省西部の永定県、長汀県、寧化県の客家語とは意志疎通がとりにくい。例えば、梅県と長汀県の客家が会話する時、主に使用する言語は、客家語ではなく標準中国語なのである。贛州の中部や北部に行くとさらに異なる。ある梅県の客家が革命聖地である瑞金県に行った時、そこの客家語を聞いて全く理解することができず、本当に彼らが客家なのか疑うことすらあったというエピソードも聞く。(注5)

図23－2：台湾の客家語の分布地図

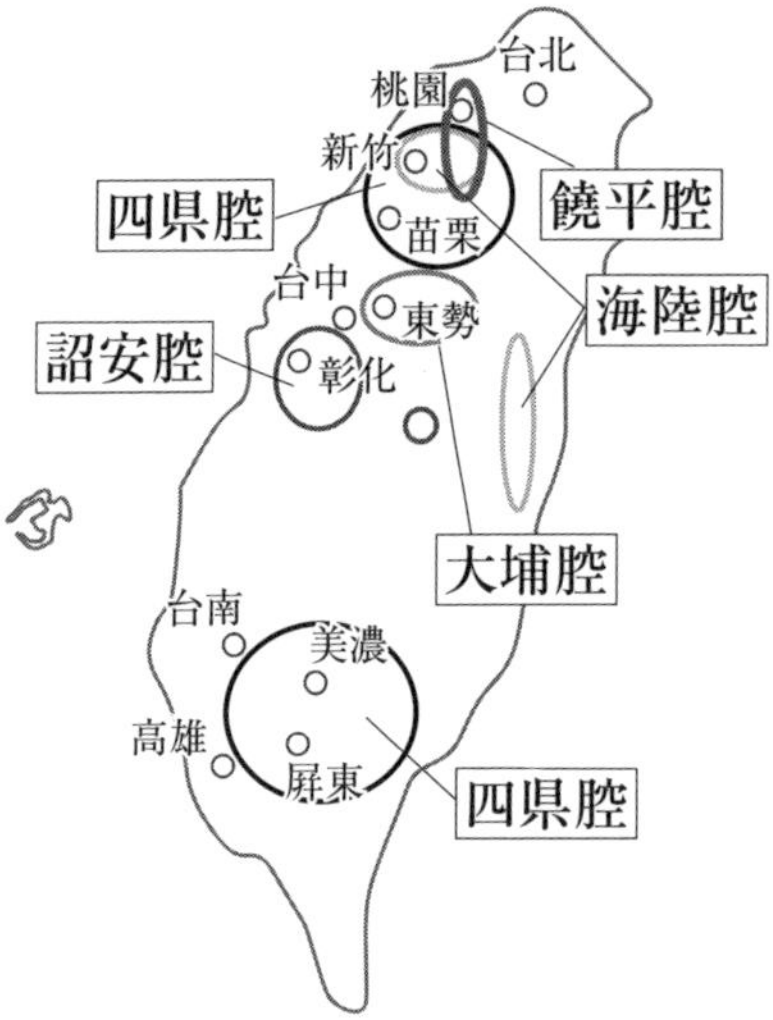

他方、台湾においても客家語は多様である。台湾の客家の大半は広東省東部から、一部の客家は福建省西部から移住しており、江西省やその他の省の出身者はほとんどいない。(注6)だが、同じ広東省でも客家語は同じでないため、台湾では通常、①四県《しけん》腔、②海陸《かいりく》腔、③饒平《じょうへい》腔、④大埔《たいほ》腔、⑤詔安《しょうあん》腔、の五つに分類されている。それぞれの名称は、大陸中国の出身地から名づけられている。例えば、①四県とは、梅州の管轄にある梅県、蕉嶺《しょうれい》県、平遠県、五華県を指すように、であ

(5) その他、広西南部の客家語は、ンガイ語と呼ばれる。ンガイ語の話者の大半は、広東省東部か福建省南部から移住している。しかし、ンガイ語は、「客家の故郷」である梅県や恵州の客家語とも異なっている。
(6) 外省人のなかには江西省や四川省など他省出身の客家が存在する。

る。これら五つの下位系統は、台湾の全土に分布するが、一般的に台湾北部の桃園、新竹、苗栗では①四県腔、②海陸腔、③饒平腔が混在しており、南部の屏東や美濃には①四県腔の話者が多い。また、中部の東勢や石崗郷では④大埔腔が主流を占めている。少数派の福建系客家語である⑤詔安腔の多くは、雲林県に分布しているほか、桃園などの地域にも点在している（図23-2）。台湾の客家によると、これらの言語は、「何となく言っていることが分かる」か「一部しか分からない」くらいの違いであるというが、慣れれば互いに対話できるようになるのだという。ただし、ある大埔腔話者によると、大埔腔はあまりに通じないので、かつては客家ではないとみなされることもあったのだという。同様の話は、マレーシアの大埔腔話者からも聞くことがある。

曖昧な？　客家語カテゴリー

客家語は多様性が大きいだけではない。興味深いことに、いくつかの客家語の下位系統は、その話者自身によって客家語とみなされていないことがある。特に大陸中国では、その傾向が強い。一例を挙げると、恵州から河源にかけての言語は水源語（または蛇語）と呼ばれ、今では客家語の一部とみなされている。しかし、水源語の話者のなかには自らの言語が客家語ではないと主張する人々もいる。そもそも水源語が客家語であるのか広東語であるのかは、学界でも長いこと議論の対象とされるテーマであった。[注7]それが後に「科学的な」権威をもって水源語は客家語の下位言語として位置づけられるようになったのである。

また、客家語と他言語の境界も実は曖昧であることが指摘されている。その一つが、江西省の客家語と贛語との関係である。例えば、贛州・瑞金県一帯の客家語は、梅県の

（7）温昌衍（「略論粤中客家地区『蛇語』的性質及名縁由」『客家研究輯刊』二十三、二〇〇三年）を参照。

客家語と意志疎通が図れないにもかかわらず、環鄱陽湖《かんはようこ》地区（江西省東北部）の贛語とは対話が可能である。(注8) したがって、瑞金県やその近隣の石城県などの住民は、もともと客家としての自己意識がなかったといわれる。さらに、言語人類学者・鄧暁華《とうしょうか》は、音韻のうえで客家語と中原漢語とに近似性があることを認めているものの、語彙の面でミャオ語・ヤオ語やチワン・トン語と語源を同じくしていると論じている。(注9) 実際、客家に最も近い少数民族とされるショオ（畲）族は、客家語を日常的に使用している。しかし、言語学地図において、ショオ族は客家語圏の範疇に入れられていないというパラドクスもある。(注10)

このように客家語とは何か、他の言語との境界をどこに設けるのかは、曖昧な問題として残されている。グローバル化の進展により中国語や英語などの主要な言語の影響力がますます大きくなり、とりわけ香港・台湾や世界の華僑華人社会では客家語が著しく衰退している。(注11) だが他方で、大陸中国では、もともと客家語とはみなされていなかった言語が客家語と認定されるなど、そのカテゴリーは拡張している。客家語とは固定的な実体なのではなく、社会状況により消失と構築、そして再構築を繰り返しうる言語といえるのかもしれない。

（8）蔡麟（『汀江流域の地域文化と客家』、二〇〇五年）を参照。

（9）鄧暁華は、客家語に共通する身体、動物、植物などに関係する口語語彙六八個のうち、三分の二はミャオ、ヤオ語に近く、半分はチワン・トン語に近いことを明らかにした。詳しくは、鄧暁華（「福建境内的閩、客族群及畲族的語言文化関係比較之試論」『国立民族学博物館研究報告』二十四 - 一、一九九九年）を参照。

（10）瀬川昌久（「客家語と客家のエスニック・バウンダリーについての再考」塚田誠之編『民族の移動と文化の動態—中国周縁地域の歴史と現在』風響社、二〇〇三年）を参照。

（11）香港や台湾では客家語使用人口が減少している。東南アジア、オセアニア、中南米の客家華人のなかにはすでに客家語を話すことができず、現地語を母語としているケースも珍しくない。

第二十四章　宣教師がみた客家と客家語

なぜ西洋人宣教師は客家と客家語に注目したか

羅香林以前に客家を世に知らしめたのは西洋人のキリスト教宣教師であった。十九世紀末から二十世紀初頭にかけて東南アジア及び中国へやってきた西洋人は概して客家について好意的な記述を残し、羅香林もそれを引用しつつ、客家＝未開民族という従来の中国における客家に対する固定概念を覆そうとした。

客家に注目、好意的な紹介をした西洋人は二、三に止まらない。ハンチントン（Ellsworth Huntington）が著した『人種の特性』（*Character or Races*、一九二四）、およびブクストン（L.H. Dudley Buxton）による『アジア人』（*The People of Asia*、一九二五）などが代表例だが、彼らは客家を「漢民族の精華」などと絶賛している。しかしなぜ客家は概ね西洋人宣教師から好意的に受け止められていたのだろうか。

中国国内で差別に遭ってきた客家にとり、そうした偏見なく自分たちに接してくれる西洋人は「非常に好意的な他者」に映ったということは十分考えられる。宣教の手段として社会の中で最も恵まれない人々に照準を合わせることは、十九世紀に中国にやってきた西洋人宣教師に限ったことではない。

実は客家と欧米人が最初に接触したのは主に東南アジアにおいてであった。当時外国貿易で賑わっていた広州を除けば一般の欧米人の入国は禁止されており、中国へ派遣された宣教師が、布教のフロンティアを東南アジアの中国人居住区に求めたのも自然の成り行きだった。出身、方言ごとに地理的、社会的な中国系集団が形成されていた点に着目した宣教師が客家をまず一つの「言語集団」として認識したであろう事は容易に想像出来る。

そうした事情と必要の下、客家研究の中でも比較的早くから着手、体系化されたのはその言語である。客家語に関して客家を専門に布教したスイスのバーゼル教会（Missionary of the Basle Evangelical Society）の宣教師によって研究が進められ客家語辞書も編纂されていた。

なお西洋人宣教師の著した主な客家語辞書には以下のようなものがある（表24‐1）。

客家紹介の草分け　カール・ギュツラフ

従来、客家の概説書では資料閲覧のしやすさからどうしても英語文献における客家の紹介が主流となっていたが、客家を世に紹介する上でドイツ語圏の宣教師が少なからず貢献をしている。日本では専ら初めての日本語訳聖書（一部）を著した事で知られるドイツ出身のカール・ギュツラフ（Karl Friedrich August Gutzlaff 一八〇三～一八五一）は、客家の欧米における紹介において重要な役目を担っていた。

表24‐1：欧米人による主な客家語辞書

辞書名	著者（出版年）	著者の所属宗派
Hakka Dictionary	Charles Rey（1901）	Societe des Mission Etrangee de Paris（仏）
A Chinese-English Dictionary Hakka-Dialect	D. MacIver（1904）	Presbyterian（英米）
Kleines Deutsch＝Hakka＝Worterbuch	T. Hamberg（1909）	Basel（スイス）
Kleine Hakka＝Grammatik	R.Lechler（1909）	Basel（スイス）

資料来源：Hashimoto, Mantaro J.
The Hakka Dialect A Linguistic Study of Its Phonology Syntax and Lexicon Cambridge the University Press, 1973 18-19頁より抜粋。

中国・東南アジアの新教伝道と客家の接点を考えるに当たり、数多くの宣教師の中でも客家ととりわけ深い関わりをもったのは元来オランダ伝道会（Neitherland Missionary Society）に属していたギュツラフであろう。ドイツ生まれの彼は英・独・蘭・仏それぞれの語学に通じ、アジアの言語においてもマレー、シャム（タイ）、ミャンマー語に聖書を翻訳しているので、東南アジアで中国移民に接しているうちに自ずと広東系の移民と客家の言語の相違に気がついたのかもしれない。

当然ながら母語であるドイツ語圏出身者の宣教師と交流が深く、一八四七年、ギュツラフの依頼に応えてバーゼル教会からはセオドリー・ハンバーグ（Theodore Hamberg 一八一九～一八五四、漢名：韓山明）[注1]とルドルフ・レヒラー（Rudolph Lechler 一八二四～一九〇八、漢名：黎力基）の二人の宣教師が香港に到着した。[注2]ハンバーグらを派遣したバーゼル教会がその後継者となり、一八五二年、ハンバーグらは専ら客家に向けて伝道する旨を決定し、[注3]数あるプロテスタント宗派の中でも客家ととりわけ密接な関わりを持ったのである。

一方、ロンドン伝道会には後世、客家の紹介者として有名になったアイテル（Ernest J.Eitel 一八三八～一九〇八）がバーゼル教会を脱会して新たに加わり、同会へ客家の情報を提供している。[注4]こうしたアイテルの活動が実を結んだのか、以後ロンドン伝道会の報告書では客家語の必要性が認識されアイテルの他にも客家語学習者が出ており、一八七九年、リッジ（H.Ridge 生没年不詳）なる者もバーゼルのレヒラーに客家語能力のお墨付きを貰っている。かくして「Hakka」の語はバーゼル関係者を通して英語圏の布教団体にも浸透していきつつあった。

（1）本によってハンバー、ハンベルグ等と表記されている。

（2）亀谷荘司『最初に聖書を日本語に訳したカール・ギュツラフ伝』（一九六七）五二頁。『香港崇真会筲箕湾崇真堂開基一一五周年紀年特刊一八六二―一八七七』（香港バプティスト大学基督教在華発展史文献部所蔵）六頁。

（3）『崇真会百週年紀念特刊』湯兆霊牧師存本、（香港バプティスト大学区樹鴻図書館所蔵、出版年不明）九三頁。

（4）Council for World Mission Archives 1775-1940 on Microfiche London Missionary Society South China Incoming Letters（米国イエール大学神学部図書館所蔵）1868-1881 Fiche No. 129

図24-1　大陸中国におけるバーゼル教会の分布図
1948年に制作された、バーゼル教会が100年にわたり拠点を
置いた場所を示す図

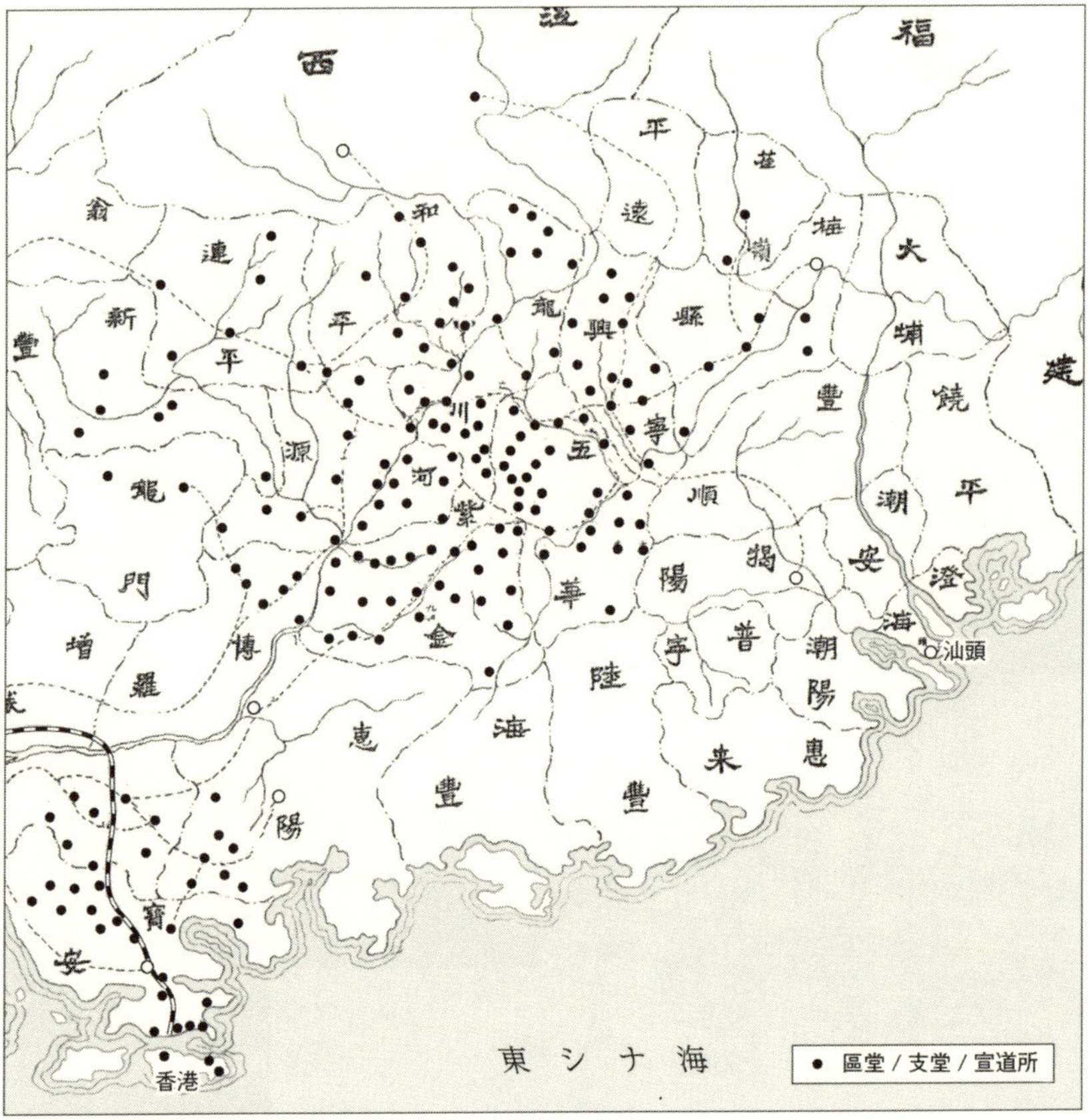

『崇真会百週年紀念特刊』（出版年不明、香港浸会大学
<Hong Kong Baptist University> 所蔵）より作成

二十世紀になってもドイツ語話者宣教師と客家の関係は密接だった。二十世紀初頭に広東で布教したスイス出身のアメリカ人宣教師チャールズ・ヘーガー（Charles Heger（注5）生没年不詳）が広東の赤渓におけるキリスト教信者の様子を記録に残しているが、客家の一般的な紹介本ではドイツ語圏（スイスも含む）宣教師の個人名もハンバーグやレヒラーを除いてはその役割が依然として評価されていないのが現実である。今日に至るまで、客家の概略を説明する書籍ではどうしても客家を礼賛した英米人個人の名前が取りあげられることが多く、布教団体相互の関係やドイツ語圏出身者と英語圏出身者の間の交流が客家に関する情報共有に役だったということは、あまり知られていない。

（5）Papers of the American Board of Commissioners for Foreign Missions, Missions to Asia, South China Mission ABC 16.3.8 マイクロフィルムとしてハーバード大学ホートン図書館所蔵、Reel 260 No.0384

第二十五章　客家イメージ①

客家の有名人

客家とはどういう人たちなのか？　これまで多くの概説書がこの問題について語ってきた。その時必ずと言っていいほど語られるのは、客家とは優秀な「民族」であり、多くの有名な人物を輩出してきたという話である。客家の有名人として真っ先に挙げられるのは、太平天国のリーダーである洪秀全、革命の父である孫文、改革開放政策の主導者である鄧小平である。また、鄧小平が中国の実権を握っていた一九九〇年代、シンガポールでは建国者でもあるリー・クアンユー、台湾では当時総統であった李登輝が実質的なトップであり、客家がアジアを牛耳っているなどともてはやされることもあった。さらに、フィリピンの元総統であるアキノ夫人、タイの元総統であるタクシン、インラック兄妹、現在では台湾の総統である蔡英文も客家の血をひくと言われている。他方で、経済界では、タイガーバームで財をなした胡文虎、香港のネクタイ王である曽憲梓《そうけんし》など、数多くの成功者がでている。(注1) ここから客家は「東洋のユダヤ人」「最強の華人集団」としばしば形容されるようになったのである。さらに、客家の女性も働き者で美しいと表現される。

果たして右に挙げた人々が本当に客家であるのか、彼ら自身が本当に客家であると認識していたのかというと、疑問に思える点も少なくない。また、ひとことで客家の女性

（1）〇〇が客家であるという言説は枚挙にいとまがない。政治家では他に宋家三姉妹、葉剣英、朱徳、廖仲凱、廖承志、胡耀邦、李鵬、文化人では郭沫若、鐘敬文、鐘理和、芸能人では曾志偉（エリック・ツァン）、黎明（レオン・ライ）、張国栄（レスリー・チャン）、周潤発（チョウ・ユンファ）、光良、SHEの田馥甄（Hebe）と陈嘉桦（Ella）、王心凌らが客家であるといわれている。だが、全員が客家と自認していた／しているかは定かでない。

といっても、世界中を見わたせば多様であろう。だが、客家がこのようなイメージで語られるようになっていること自体は、まぎれもない事実である。本章は、「東洋のユダヤ人」と「働き者で美しい女性」といったイメージがどのように創られてきたのかについて、まずはイメージ形成の時期が比較的古い後者からみていくとしたい。

働き者で美しい女性

客家が世に知られるようになってから現在まで幾度となく「客家の女性＝働き者で美しい女性」というイメージが繰り返し再生産されてきた。しかしこうしたイメージはいつ頃から世に広まったのであろうか。客家女性に関する記述で今現在確認出来る一番古いものは清初（十七世紀中期）に書かれたもので、当時の広東の風俗習慣を書いた屈大均の『広東新語』に「長楽興寧婦女」という項目がある。長楽（今の五華県）、興寧の両県は広東省の梅州に位置する客家語圏に当たるが、同書では「客」の語は用いられておらず、代わりに地名で同地における女性の勤労について詳しく述べられている。

（長楽、興寧の）男は農業に努めるが、女の農作業は男のそれを淩いでいる。その夫が耕せば、その婦が播《ま》き、これを収穫する。農作業の隙に昼間は則ち煮炊き、夜は則ち糸を紡ぎ、力を尽くしてその歳年を過ごす。余剰の収穫があれば、則ちその夫はその都度酒屋に行く。（中略）婦が耕作していなければ、則ち葛を採り、その夫は家に居て子供の世話をしている。夫が反って婦となり、婦の事は夫に悉くこれを任せている。「夫逸婦労」と謂うのは乃ち風俗の善である。（注2）

（2）（清）屈大均『広東新語』巻八　二八六長楽興寧婦女（中華書局）二七〇－二七一頁。

実は一九八〇年代後半に日本で客家ブームが起こる(注3)ずっと以前からハワイへの中国系移民の一集団として客家が紹介されている。ジェームズ・ミッチェナーがその著書『ハワイ』（一九五九）の第四章(注4)で纏足《てんそく》をしていない客家女性が勤勉に労働する様子が描かれている。興味深いのはこの歴史小説が一九五九年と日本で客家ブームが始まる二十年以上前に発表されたためか、それともあくまで小説の一部分に過ぎなかったためか、一九八〇年以降出版された紹介本では全く触れられていない。わずかに高木桂蔵が一九九一年にその著書で数行触れている程度である。(注5)ミッチェナーがこれはあくまで「小説」であると前書きに断っているが、ハワイで働く労働者を中国に探しにくる西洋人がはっきり「本地」（広東人）と客家を区別しているのは、ミッチェナー自身の入念な取材と調査によるものであろう。

章の冒頭で主人公である十九世紀中期の客家女性ニョクツィン（原文はNyuk Tsin）を描く際、著者は「藍色をした綿の農作業着（原文はdark blue cotton smock）に薄汚れた綿のズボン（a pair of dirty cotton trousers）、柳を編んだ円錐型の帽子」（⬇第十四章参照）と描写している。こうした描写が後世客家女性を表す常套句になるとは、ミッチェナー自身も想像し得なかったのではないか。

しばしば概念的にその勤勉さだけが世に宣伝された客家女性であったが、二〇〇〇年以降、転換期が訪れる。客家が注目されるに従い、客家女性に対する称賛をより分かり易く世に知ってもらう手段として近年、台湾および大陸中国で客家女性の「ゆるキャラ」が登場し、客家イメージが視覚化され始めたのである。現在知りうる限り、最も先駆的な例は台湾で創出された「細妹〈セーモイ〉（客家語で若い女性の意味）」である。これは藍色の服を着ているというステレオタイプの客家女性の服装をしている。こうした

（3）一九八〇年代後半になると日本のマスコミが土楼に注目しはじめた。この時期より客家についての記事が徐々に増え、客家ブームの先駆けとなった（⬇第二十六章参照）。

（4）Michener, James *Hawaii From the Starving Village Random House* 1959 p.374-598

（5）高木桂蔵『客家　中国の内なる異邦人』（講談社、一三四・一三五頁、一九九一年）を参照。

写真25‐1　「細妹」の原画（2010年3月、台湾行政院客家委員会にて飯島撮影）

「ゆるキャラ」を見た人々は藍色の服を質素さの象徴と考えないかもしれないが、藍色の服と客家は確かに結びつけられてきた。

人の勤勉さに客観的な基準などないのだが、客家女性を勤勉だとする言説には一片の根拠がある。客家の女性の多くは纏足をしなかった。（注6）纏足をしていたなら家の中でよちよちと歩くのが精一杯で、当然ながら戸外での重労働は出来ないからである。つまり女性が戸外で肉体労働に従事しなければならないほど貧しかったと考えるべきなのだが、現代では客家女性の健康的な側面だけが強調されている。

（6）纏足とは二十世紀初頭まで続いていた、女性の足を布で巻いて成長を妨げ、小さくしてしまう風習。

客家は「東洋のユダヤ人」か

前述のように、客家はしばしば「東洋のユダヤ人」に喩えられ、「最強の華人」というイメージが定着した感があるが、果たしてこうした言説はどこから来ているのだろうか。少なくとも筆者（飯島）の周りの在日台湾系客家はこうしたキャッチフレーズに苦笑を隠さず、自嘲と謙遜が相まってか、決まって「客家は商売が下手だから（資格や業績だけで認められる）学者や医者になるのだ」と言っている。

そもそも「東洋のユダヤ人」というのはもともと客家を指した言葉なのだろうか。実際、この言葉は潮州人や温州《うんしゅう》人などに呼称されることもあり、客家に特有であるとは思えない。まずは「東洋のユダヤ人」という言葉のルーツを探ってみるとしよう。この言葉の起源は、最初にタイの国王ラーマ六世（在位一九一一～一九二五）が一九一四年にアスバフ（Asvabahu）というペンネームでタイ語と英語で新聞に発表した「東洋のユダヤ」（The Jews of the Orient）に遡るといわれる。だが、この論文は華僑全般に対する脅威論であり、特に客家だけを指している訳ではなかった。(注7)それが後に、客家を称える文句へとかわっていったのである。

それでは客家は、自身をどのように見ているのだろうか。あくまで台湾系客家を中心とした場合であるが、客家大会などの最後でしばしば歌われる「客家本色」という歌が端的に彼らの自画像を表している。

(7) Ooi Keat Gin, Southeast Asia: A Historical Encyclopedia, from Angkor Wat to East Timor vol.1 ABC-CLIO 2004 p.1328

唐山過台湾　無半点銭　殺猛打拼山耕田
（唐山（大陸中国）から台湾へ　一文無しでも懸命に働いて　山を拓き田を耕す）
咬薑啜醋幾十年　毋識埋怨
（幾歳月、まずい食事も何のその）
世世代代就凭様勤倹伝家　両三百年不改変
（子々孫々　勤倹一筋に　何百年も変わることなく）
客家精神莫豁掉　永遠永遠
（客家精神を忘れるな　永遠に　永遠に）

時代在進歩　社会改変　是非善悪充満人間
（時代が進み社会が変わり　是非善悪は人の世に満ち満ちている）
奉勸世間客家人　修好心田

（世の中の一人一人よ　心を磨き）
正正当当做一個良善介人　就像恩介老祖先
（正々堂々と善良なる人間であれ　それは我らの祖先の訓え）
永久不忘祖宗言　千年万年(注8)
（永遠にその言葉を忘れるな　千年も万年も）

勤勉に働き、祖先を敬うという美徳を謳うのは、往々にして華僑華人が標榜する美徳であり、客家に限った事ではない。だが、「粗末な食事に堪える」とあくまで質素に過ごすことを讃える歌詞には、客家の自己像の一端がうかがえる。個人はともあれ、成功しても衣食に贅沢をしないとし、質素に生きる姿を「理想像」とするのである。これは客家がしばしば他の華僑集団から「客家はけちである」とされることへの反論とも取れる。

（8）『客家与多元文化』（第十期、六頁）より。原文、日本語訳ともに引用。

第二十六章　客家イメージ②

「客家らしさ」と客家

「客家イメージ」は往々にして、現実の客家よりも客家的である。非常に回りくどい言い方だが、表象された客家イメージは、実際の客家の人々の振舞い、客家の住居、客家語の会話よりも、さらに客家的に映るものである。本書をここまでを読んでいただいた読者にはお分かりだろうが、客家というエスニック集団は多様性に満ち満ちている。しかしメディアで報道される客家像、テクストに出てくる客家精神、ユネスコの紹介文に登場する客家建築などは、どれも実際のヒト、コト、モノよりもはっきりとした客家イメージでもって示される。これを学術用語では表象（representation）と呼ぶ。これまで見てきた通り、われわれが彼らを客家と呼ぶ場合、このイメージと切り離して考えることはできない。ここで言うわれわれとは、これを書いている執筆者、読んでいる読者、そして書かれている客家人をも含むわれわれである。客家の人々もまた、客家イメージの影響を受け、日々、客家らしさに近づいたり、客家らしさから遠ざかったりを繰り返している。

客家イメージを表すその最たるものは、やはり客家という名称であろう。「客」という部分に、他者からの視点を内包している。では、客家イメージは誰（描く側）によって、何が（ヒト、モノ）、どのように（何を介して）、描かれてきたのであろうか。本章では描く側、描かれる側、描かれる媒体に注意して、客家イメージがどのように「運ばれるか」ということを、客家土楼や客家祖地などの事例を中心に紹介することにしたい。また、客家イメージが再生産される背景を、主にメディア表象からみていくことにする。

客家文化の象徴的な存在となっていく土楼

一九七八年の改革開放政策後、とりわけ一九八〇年代後半から、客家イメージは加速度的に中国内外に広く浸透し、また定式化していくようになる。なかでも一九八〇年代以降、客家文化のシンボル的存在となったのは土楼という民間建築であった（➡第十六章参照）。

多くの土楼が林立する福建省永定県の『永定県志』によれば、土楼が初めて「外部」に向けて紹介されたのは、一九五七年に建築学を専攻とする劉敦禎《りゅうとんてい》によって発表された『中国住宅概説』であったという。その後、改革開放までは謎めいた印象が独り歩きし、東西冷戦時代には西側陣営が人工衛星で土楼を「発見」し、「軍事秘密基地」ではないか疑ったとの逸話もある。だが改革開放政策が実施されると、中国国外、とりわけ日本の研究者らによる調査がさかんにおこなわれるようになり、土楼など囲い込み型（囲繞《いぎょう》形態）の客家建築は、客家文化の象徴的な存在として取り上げられるようになった。

またこの時期、北京の清華大学で建築学を修めた黄漢民が写真と平面図を効果的に用いた土楼の概説書を出版すると、またたくまに土楼は建築学の中で大きな注目を集めるようになる。台湾の雑誌『漢声』、日本の建築学系の雑誌にも土楼はたびたび紹介されていく。たとえば茶谷正洋らの日本の建築学系の研究グループは特に、客家建築に特徴的な囲繞という性質がどのように形成されていったかということを、家屋の増築過程に注目し分析している。その結果、茶谷は囲繞形態の発展拡大の過程を左右対称に伸びた横屋から囲繞の形へと発展してきたとまとめた。(注1)これに続く形で、このような土楼への建築学的な視座からの研究は、稲次敏郎、片山和俊、重村力、茂木計一郎などといった建築学の研究グループによって矢継ぎ早に報告されるようになる。(注2)

一九八〇年代半ば、中国郵政は中国各地の特徴的な民居を切手のデザインに採用したのだが、一元切手のデザインに、福建省永定県の代表的な土楼である承啓楼《しょうけいろう》が採用されることとなった。すると日本の切手ファンからも強い関心が寄せられ、その存在が郵便切手雑誌『郵趣』のなかで何度かにわたって紹介されるようになる。(注3)また土楼に関する研究報告も専門雑誌から、より人々が手に取りやすい一般向けの雑誌に登場するようになり、(注4)次第に客家イメージと土楼は重なるようになっていった。その中で語られる客家イメージとは、祖先を中心にまとまる一族の紐帯、戦火を逃れてきたという中原《ちゅうげん》の歴史、「古代」からの民俗知識である風水の伝承、傑出した人物を輩出する客家教育、などである。一九八〇年代は世界的にみても特に日本の建築学が土楼研究を牽引していたと言っても過言ではない。

写真26 - 1　1986年に登場した承啓楼がデザインされた一元切手

もちろん、香港、台湾、シンガポール、あるいは欧米圏を経由しての客家イメージの再生産はないわけではなかった。だが改革開放以降、もっとも大きな影響を与えてきたのは日本の学術機関およびメディアによる客家イメージであった。切手のデザインにもなった承啓楼に初めてテレビカメラが入ったのは（中国国内

(1) 茶谷らの研究は先駆的でもあったが専門誌のなかでの報告だったので世間一般へのインパクトはそれほど大きくはなかった。具体的には「中国南東部および台湾における客家の住居に関する研究：その1概要と居住様式」『学術講演梗概集 E 建築計画・農村計画』（社団法人日本建築学会、一九八五年）などがそれにあたる。

(2) 重村らの研究グループは土楼の建造過程、実測と空間分析にまで及んでいる（「中国・円型土楼の研究：#1 その概要と集団建設」『学術講演梗概集 E 建築計画 農村計画』、社団法人日本建築学会、一九八七年）。

(3) 郵便切手雑誌『郵趣』（日本郵趣協会刊行）のなかで、『中国民居』のうち「承啓楼」をとりあげ、一九九〇年には二号にわたって「承啓楼」についてのコラムが書かれている。詳しくは、阿部達也「中国の「民

のメディアではなく）ＮＨＫ（注5）だったとされるし、一九九〇年代半ばまで発表されてきた土楼や囲龍屋に関する研究報告は日本の諸機関によるものが多数を占めている。また一九九〇年代以降矢継ぎ早に客家に関する日本の一般書（根津、岡田、緒方、高木、林➡参考図書参照）が刊行されていく中で、客家は改めて「古代中原からの伝統を保持し、頑なに古来の文化を保ち続けてきた人々」というイメージを確立していったといえる。

台湾における客家のメディア表象

台湾における社会的・政治的な状況と客家エスニシティをめぐる動きは、民進党の動きとある程度の相関関係をみせる。たとえば民進党は一九八六年に結党し戒厳令の解除を求めるよう働きかけたが、それが実現した一九八七年になると、台湾客家による雑誌『客家風雲』が創刊される。（注6）同雑誌のなかで、やはり象徴的な存在として毎号にわたって取り上げられたのは、土楼建築であった。日本の土楼に関する論文の引用や翻訳などを介して、土楼がいかに世界に類を見ない建築物であるかを主張するとともに、客家が独自の文化を有している証左としてそれは紹介されてきた。また二〇〇〇年三月に行われた、第十代総統・副総統直接選挙にて民進党が躍進し、陳水扁政権が誕生すると、客家をめぐる政策も再度強化されるようになる。民進党は政権奪取以前から、台湾の多様性、原住民との関係を重視してきたが、その流れのなかで行政院（内閣）に、客家委員会が新設されるようになるなど、政治状況にあわせて客家の文化活動も変化をみせている。

台湾の客家文化運動において注目に値するのは、やはりメディアが客家のイメージを

家」シリーズ（上）」（『郵趣』四四巻一号、一九九〇年）を参照のこと。

（4）東京芸術大学の研究グループの客家土楼の調査報告は、一九八七年の『季刊民族学』、同年の『住宅建築』に報告されている。

（5）一九九二年五月二十七日放送、『ＮＨＫスペシャル　客家円楼～巨大円形集合住宅の一族～』。

（6）同雑誌は、一九九〇年に新たに『客家雑誌』という名で改変されるが、『客家風雲』の流れを継承するものであると明記されている。

つくってきたことであろう。なかでもドラマや映画の影響力は無視できない。例えば、客家文化運動が顕在化する前夜に製作された映画『原郷人』は、客家人作家・鍾理和の小説をもとに映画化され、人気を集めた。この映画は、客家の居住地である美濃（➡第七章参照）を舞台としていることもあり、そこの紙傘や藍染の服（➡第二十二章参照）は、客家のイメージを形成する重要な役割を果たしたといわれている。

二十一世紀に入って注目された客家を題材とする映画といえば、客家委員会の支援により製作され、二〇〇八年に上映された『一八九五』であろう。この映画は、日本軍が台湾を植民地化するために攻め込んだ一八九五年を舞台とし、苗栗出身の客家義士・呉《ご》湯興《とうきょう》が仲間とともに日本軍に抗戦する物語である。客家エリートである丘逢甲《きゅうほうこう》の指令を受け、呉湯興は、客家や原住民などから成る義民軍を結成し、日本軍を苦しめるが、最後には殉死してしまう。この映画は、特に二つの点で客家をめぐるイメージを示している点で興味深い。第一に、愛国心が強く正義のために身を投げうって戦うという「義民」のイメージを体現している。第二に、この映画を通して質素かつ働き者である女性の姿が強調されている。また、女性の服装は、単色で飾り気がない点にも表象という意味では注意しておきたい（➡第十四章参照）。こうした客家のイメージは、映画などメディアを通して再生産されているのである。

日本における客家のメディア表象

二〇〇〇年以降、日本でも八〇年代から変わらないようなステレオタイプ化した客家イメージが創られ続けている。たとえば二〇〇九年にＴＢＳで放送された「世界ふしぎ発見！」というテレビ番組では、「世界が注目！　中国・客家の秘伝」というテーマで放映され、一族の紐帯、中原の歴史、客家の勤勉さなどが紹介されている。

また客家に関する文化表象はマスメディアにとどまらない。二〇一二年十一月、「客家―千古光芒の民」というタイトルのミュージカルが上演されたが、その内容は、ある起業家（客家人）が会社の経営の岐路に立たされるが、客家の歴史、教えを紐解くことで、優秀な祖先の子孫であることに誇りに思い、会社の再建を誓う、というものであった。ここでも客家はその独自性、教育熱心さ、多くの人材を輩出した民として描かれている。左のポスターの作品は元宝塚歌劇団団員で演出・振付家である謝珠栄《しゃたまえ》氏によって手掛けられているが、同氏もまた客家である。

写真26 - 2　2012年に上演されたミュージカル「客家――千古光芒の民」のポスター

改革開放政策から一九九〇年代前半まで、客家をめぐるイメージは主に客家以外の人々、つまり「外部」から創られる傾向が強かった。だが一九九〇年代半ば以降、台湾の政治状況、中国の観光開発の影響もあって、客家自身が主導的に客家イメージを創り出す様子がみられるようになってきている。

本章の冒頭で述べた通り「客家イメージ」は、実際の客家人、客家文化よりも「客家らしさ」が求められる。近年、客家自身による客家イメージの再生産が加速することにより、これまであまり客家意識を持たなかった人々のなかにも影響が現れるようになってきている。たとえば、観光客が望むようなユネスコの説明内容に合わせた客家の語りをしたり、勤勉な労働者の像といった客家らしい景観を創出したり、客家の「正しい」知識を身につけるためガイドブックやウェブサイトで自身の歴史を参照したりすることである。また、客家意識を持とうが持つまいが、客家地域に暮らす人々は、日々さまざまな報道、看板、行事、景観、生業のなかで自身の「客家らしさ」を考えさせられる状況に置かれている。今後彼らが自身の客家性（あるいは非客家性）をどのように語り出すのかが非常に興味深いところである。

第二十七章　崇正会と客家団体

差別と偏見への対抗

客家に関する美称は増えるばかりである。十九世紀以前から客家に接した西洋人宣教師が「漢民族の精華」として欧米にその存在を知らせたことはよく知られているが、近年は元共産党主席で中国トップにあった胡錦濤《こきんとう》も円形土楼（⬇第十六章参照）は、「和諧社会（調和の取れた社会、という意味。急激に格差が広がる中国にあって格差是正のスローガンとして使われている）の象徴」と絶賛した。二十世紀初頭まで客家に対する見方は蔑視の方が圧倒的に優勢であった。だが、客家の国際的な親睦団体である崇正総会が一九二一年に設立されて以来、客家＝少数民族という誤認は徐々にではあるが解消されていった。

香港崇正総会の結成へ

一九二一年、香港在住の客家が親睦団体を設立するのだが、その名称に関して指導者の一人である李瑞琴《りずいきん》が、次のように意見を述べている。

「香港在住の吾系(ママ)は工商界に多いので、組織団体を作るに当たって崇正工商会と名をつけ、「客家」の字を冠する必要はない。吾人(ママ)は辛抱強く、独特の性質を有しており、風習も（本地）人と同化していないので、土客の間に感情的な軋轢がある。四億五千万もの中華民族が分裂してほしくないので、「崇正黜邪《すうせいちゅつじゃ》」の閎義《こうぎ》を取って崇正工商総会とするのは適当か否か、採決を仰ぎたい」(注1)。彼の提案は受け入れられ、現在も香港には崇正総会の本部があり、世界各地にこの支部が広がっていった。

現在でこそ崇正総会は「自ら客家と称する人々」の親睦団体であると自他共に認めているが、一読してわかるように、成立当初、李瑞琴は自分たちを敢えて「吾系」と称していた。創設の趣旨を述べる際に「客」の字を冠するのを避けようとしているのも、まだ当時は客家に対する蔑視が根強かったことを示唆しており、関係者の香港における複雑な立場が窺えよう。その後、崇正総会が把握している団体（客属を名乗る団体も含める）は、東南アジアの諸地域、シンガポール、マレーシア、インドネシア及び北米、ヨーロッパに広がってゆく。東南アジアに多くの客家組織があるのは華僑団体としては当然だが、香港崇正総会が一九五〇年にヨーロッパで唯一オランダ・ロッテルダムでの組織を確認している。インドネシアから宗主国だったオランダに渡った華僑がいても不思議ではないが、発祥の地が香港という英語圏であったことを考えると、イギリスではなくオランダに組織があるという点も興味深い。

写真27 - 1　東マレーシア・サラワク州クチン市の客属公会（2014年3月、飯島撮影）

ただ管見の限り、この頃まだ大陸中国には「客」の団体創立活動は見られず、「客」を自認し、その組織を必要としていた人々は、むしろ大陸中国の「客民」より東南アジア華僑であった事の表れと考えられる。

崇正総会のさらに正確な「客」に当たる英語の名称は、時代が下がった一九五〇年の時点でも統一さ

（1）「香港崇正総会史」三頁『香港崇正総会三十週年紀念特刊』（香港崇正総会編印　一九五〇年）

れていなかった。この年崇正総会自身の把握していたデータによると、客家団体組織二四のうちKhek（客）を冠している組織が一一、Hakkaを用いていたのがマレーシアのマラッカ、ケダー州、北ボルネオでも確認できるが、(注2)これといった名称には統一されておらず、Hakkaの綴りを採用している方がむしろ稀である。kehが閩南語、hakが広東語または客家語の「客」であることを考えると、各々の支部で、その土地の華僑社会全体においてわかりやすい発音の綴りを選択したとも考えられ、その土地での客家語勢力を考える上でも示唆的である。

（2）Khet、Khe、Keの綴りを含む。「客属海外同胞団体之組織及発展」二一‐二七頁。『香港崇正総会三十週年紀念特刊』（一九五〇年）

香港の崇正総会がどの程度海外の客家親睦団体を把握しているのかについても、二〇一三年の時点での同会の資料では、東南アジアにおける団体は圧倒的多数がマレーシア、シンガポール、ブルネイなどで、旧フランス領であったベトナム、カンボジア、ラオスなどは、一切リストに入っていなかった。とは言えこれらの地域と全く没交渉だった訳ではなく、同会は一九七一年にベトナムの崇正医院から寄贈された螺鈿《らでん》の屏風を保管していた。ただこの屏風について由来を知る人もなく、現在はベトナムとの交流はないとの事である。

写真27‐2　香港崇正総会が所蔵している越南崇正医院から1971年に寄贈された螺鈿屏風（2009年9月、飯島撮影）

世界中に広がる崇正総会

崇正総会発祥の地は香港だが、香港崇正総会は敢えて「本部」とは名乗っていない。世界各国地域の会が皆平等だからである。ただ、香港が発祥の地ということもあり、その親睦団体の活動は当初、海外が中心であった。この流れを大きく変えたのが二〇〇〇年、福建省の龍岩《りゅうがん》で開催された、大陸中国初の世界客家大会であった。同大会については次節で述べる。

以後、大陸中国、それもあまり華僑華人と関係がなかった地域にまで客家団体が設立されてゆく。二〇一三年の時点で香港崇正総会が把握しているだけでも、江蘇省、遼寧省、吉林省にも関連団体が確認出来ている。もちろんこうした地域の関連団体は筆者（飯島）が把握している限り帰国華僑が設立したもので、それらの地域に元々客家語話者がいたことを示すものではない。

その中でやや実質を伴っている中国内陸部における客家の活動としては、四川省の四川客家海外聯誼会が挙げられる。確かに清代に広東から移民が四川にやってきたのは史実であるが、彼らが移住当初から「客家」としての自己意識をもっていたかは議論の余地がある（➡第六章、第三十参照）。

香港崇正総会が一九五〇年の時点で記録している東南アジアの客家親睦団体は「客属」を冠するものがほとんどだが、台湾で一九七四年に世界客属総会という団体も発足している。これは一九七一年、香港で第一回世界客家大会が開かれたことに刺激を受け、また二年後、二回目の開催地に台北が選ばれたこともあって、その翌年発足したものである。ところで、もともと台湾では客家という概念が希薄であった（➡第三十章参照）。九州ほどの面積である台湾では客家居住区もあり、また日本統治時代から客家の存在が研究対象となっていたが（➡第七章参照）、それは台湾統治のために同地の社会を研究する必要があった施政者および学術的な関心を抱いた一部の研究者の間だけの認識であり、筆者が一九九〇年代中期に台湾で調査をしていた時点で、実際に話を聞いた客家の年配者の中には、まだまだ客家と「広東人」を同義語として使う人が多かった。台湾で戦後、新たに客家の親睦団体が成立したことは、台湾における客家意識の表れとして注目できる。今現在、崇正総会と客属総会はともに世界の客家をまとめる組織として共存している。

第二十八章　世界客家大会

歴史と開催地

崇正総会（客属総会）は基本的に二年に一度の世界大会を世界規模で開いている。親睦を目的としている世界大会がどこで開催されたか、その流れを知ることは、同組織の発展を見るうえでも意義深い。以下、最初の大会から現在までの流れを見てみよう。(注1)

表29-1を一読してわかるように、二〇〇〇年まで、梅州（➡第三章参照）での開催を除き、全て大陸中国の外で開催されてきた。そのなかで、二〇〇〇年が大きなターニングポイントとなったといえる。それ以降の十三回の開催のうち、実に八回もが大陸中国での開催となっているからである。さらに、客家が元来その「ルーツ」と見なしていた地域ではあるにせよ、言語学的には客家語圏とは見なされていない河南省などでは、開催地が将来の投資・観光誘致を目的としているとも考えられる。また、もともと親睦を確認するためだけだった世界大会だが、大陸中国で開催する際に、客家の親睦や経済発展を促すような会のテーマが掲げられるようになった。大陸中国があくまで客家のルーツであることを内外に印象づけ、併せて開催地を宣伝することによる経済効果も狙ったものと思われる。

（1）詳しくは緒方修『世界客家大会をゆく』（現代書館、二〇〇二年）を参照されたい。

（2）中川学「客家（Hakka）世界大会の歴史的推移」『一橋論叢』八十九（三）三七六-三九六頁（一九八三年）。

（3）中川学、前掲論文、三八八頁。

開催をめぐる綱引き

今でこそ開催地の選出があまり政治的物議を醸さない世界客家大会であるが、それまでには紆余曲折の歴史があった。

一九七八年九月にサンフランシスコで第四回の世界大会が開催されたのだが、これは米中国交が回復する（国交樹立の同時声明は同年十二月十六日）直前の事であった。そのような激変の兆しを米国在住の客家が気づかなかったとは考えられないが、居住国である米国の立場を尊重し、いかなる政治色も世界大会の会場に持ち込むべきではないことを開会の辞で宣言した。(注2) こうした政治的な主義主張を問わずに客家の親睦を目的とする、という原則がその後の世界客家大会の趣旨となり、その後第五回大会は東京で開催された。その際もサンフランシスコ大会での教訓が生かされ、①政治に関与しない、②会員個人の思想に介入しない、③国籍を問わないという三原則が確立した。(注3) ただ、東京大会では三人以上が参

表 28 - 1：世界客家大会の歴代開催地

年　度	開催地	年　度	開催地
1971年　第１回	香港	1999年　第15回	クアラルンプール
1973年　第２回	台北	2000年　第16回	福建省龍岩
1976年　第３回	台北	2002年　第17回	ジャカルタ
1978年　第４回	サンフランシスコ	2003年　第18回	河南省鄭州
1980年　第５回	東京	2004年　第19回	江西省贛州
1982年　第６回	バンコク	2005年　第20回	四川省成都
1984年　第７回	台北	2006年　第21回	台北
1986年　第８回	モーリシャス	2008年　第22回	陝西省西安
1988年　第９回	サンフランシスコ	2010年　第23回	広東省河源
1990年　第10回	マレーシア　サバ州	2011年　第24回	広西・北海
1992年　第11回	台湾　高雄	2012年　第25回	福建省三明
1994年　第12回	広東省梅州（大陸中国初の開催）	2013年　第26回	ジャカルタ
		2014年　第27回	河南省開封
1996年　第13回	シンガポール	2015年　第28回	台湾新竹
1998年　第14回	台北	2017年　第29回	香港

以下のサイトを参考にして作成
http://www.axxxw.com/index.jsp?menuID=21&cmdID=5&fuid=19　2016.10.18
陳嘉良 首倡招開世界客属懇親大会. 梅州網. 2009-09-26 [2015-02-28]（中国語〔大陸中国〕).
http://gd.people.com.cn/GB/162697/162718/11947766.html，2010年7月12日査阅
關於総会-総会歴史-世界客属懇親大会. 世界客属総会. 2015-10-16 [2016-05-07]（台湾).
台湾第28届世界客属懇親大会将在新竹举办.
梅州網.2009-07-25 [2015-10-02] 中国語（大陸中国）

写真28－1　第23回世界客家大会時の河原の客家文化広場（2010年11月、小林撮影）

加した団体に限ってその団体の希望する旗を並べることとしたが、それはあくまで「団体の象徴」であり、国旗扱いではない、としたのが主催者側の弁明であった（注4）。

しかしながら、時にはこうした全世界の客家に受け入れられるはずの原理原則でも、容易に解決できない問題に突き当たることもある。一九八二年、第六回大会に当たるバンコクでの大会ではそれまで「恒例」となっていた、大陸中国と台湾で共に尊敬を集めている孫文の肖像を掲げる事が問題視された。君主制を否定してアジアで最初の共和国である中華民国を創った孫文の肖像を、君主制国家であるタイで掲げる訳にはいかない。ということで、会場舞台正面に掲げられた国王夫妻の肖像の奥に半ば隠れるように孫文の肖像が掲げられていたのである（注5）。

（4）中川学、前掲論文、三九〇頁。筆者（飯島）は一九九五年八月にこの東京大会開催に関して東京崇正公会会長（当時）邱進福氏を囲んだ座談会に出席したのだが、台湾の青天白日旗が、国旗が配列されていた列の端にあったことで後から台湾側の抗議を受けたという。その際邱会長は「私は先頭を切って青天白日旗を並べたつもりであった」と答えてその場を収めたと話してくれた。

（5）中川学、前掲論文。三八九―三九〇頁。

開催地の広がり

今では中台の行き来も以前に比べれば自由となり、前述のような開催国の事情や中台の緊張を背景にした開催国の腐心はそれほど表面化しなくなっている。ともあれ客家と関連づけて内外に開催地を宣伝する経済効果は大きい。二〇〇〇年に世界大会が開催された福建省の龍岩はその典型である。それまで客家の移住史上では重要な地点と見なされてきたものの、客家土楼（➡第十六章参照）の見学者以外ほとんど観光客は来ていなかったが、この大会以後は観光客が激増したという。因みにこの時の立役者の一人である曾耀東《そうようとう》氏はインドネシアの出身であった。観光開発はもちろんだが、開催地を中国内外に知らせることで投資を呼び込む狙いがあることも忘れてはいけない。

「太陽のあるところ客家あり」と常日頃世界にあまねく居住していることを標榜している客家であるが、冒頭に挙げた開催地を一瞥するとある傾向が見てとれる。東南アジア諸国では華僑の人口と経済力から言っても客家の存在感が大陸より遙かに大きいはずなのだが、それでも開催国はマレーシア、タイ、シンガポール、インドネシア、と意外と限られている。開催国側にある程度の規模のイベントを開催出来るだけの宿泊設備、治安の良さ、交通の便などが求められていることは言うまでもない。産業基盤が開催年の時点でまだ発展途上にあった国や地域が除外されるのは仕方ないにせよ、開催国の表をざっと見るとそれ以外にも特徴がある。客家、広く言えば華僑にとって東南アジアは「ホームグラウンド」であるが、フィリピンにおいては華人の圧倒的多数が福建人という事情があり、同国が東南アジア諸国の中である程度の経済力を有しながら今に至るまで一度も開催国に選ばれていないのも示唆的である。

世界客家大会の開催に関して二〇〇〇年代までは、何らかの客家団体がある国や地域しか開催地に選ばれていない。例えば、台湾は前章で述べたように一九七四年に世界客属総会を名乗る団体が創設されている。同じ客家の親睦団体でありながらなぜ名称が違うのか。一九九〇年代中期の時点では「崇正を名乗る団体の多くは米国、カナダ、イギリス、オランダなどの欧米圏や日本に多く、それに対して客属を名乗る団体は東南アジアに多い」といった研究報告が出ているが、(注6)現在は両者が一つの地域に並立していることも珍しくない。つまり「崇正」の発祥の地が香港、「客属」の発祥が台湾なのである。両系統は表立って対立している訳ではなく、ともに客家親睦団体の「総本山」的な存在と認識していることも両地域での開催が多い所以であろう。もちろん両地域が経済的に発展しており、国際会議に必要な開催会場、宿泊設備などが整っていることも理由の一つである。

写真28－2　香港で開催された第29回世界客家大会に集まった客家の人々（2017年10月、河合撮影）

かつては冷戦、中台対立の緩衝の場としての世界大会であったが、中国の発展に伴い、大陸中国での開催が増えて投資・観光誘致のイベントとその趣旨を変えつつ続いている世界客家大会。今後どこで開催されるのか、誰の目にも明らかに華僑人口が極端に少ないであろう国や地域が開催地に選ばれた場合、単なる投資誘致以外に何かそこには「メッセージ」があるのか、興味は尽きない。

（6）中川学「第十二回世界客家大会の情報解析序説」『一橋論叢』第一一三巻　第六号（一九九五年）六七四―六七五頁

第二十九章　客家ミュージアム

本章は、客家のルーツ、言語、文化などを展示するミュージアムについて紹介する。このミュージアムという概念のなかには、博物館だけでなく、客家と関係する物質文化を展示する文物館や資料館などの施設も含める。客家ミュージアムにはいくつかの種類があり、それにより展示のスタイルも異なっている。ここでは、客家ミュージアムを「特化型」「生活型」「比較型」の三種類に分け、その代表的な例を概観していく。(注1)

特化型ミュージアム

基本的に客家に関連する資料のみを展示・解説するミュージアムを、本書では特化型ミュージアムと名づける。この種のミュージアムは、客家人口の多い中国南部と台湾に集中している。

中国南部における特化型ミュージアムの代表例は、梅州の中国客家博物館である。この博物館は、二〇〇八年に設立されており、客家のルーツ、風俗・習慣、伝統住居の模型が展示・解説されている他、洪秀全や孫文など客家の著名人の銅像と解説パネルが並べてある。また、客家の子供が教育を受ける姿を銅像で表現するなど、本書の第二十五章と第二十六章で描かれている客家の一般的なイメージが、視覚的に表現される場ともなっている。(注2)

(1) 一般的な傾向として、客家ミュージアムは、中原起源説（➡第一章参照）を採用しており、また各地の特色とされがちな客家文化が展示される。だが視点をかえると、各地に点在する客家ミュージアムに行くと、その地域でどのような文化が客家の特色とみなされる傾向があるのかを知る重要な機会ともなる。本章は、特に二〇〇八年から二〇一七年の間に展示されていた内容に基づいている。

(2) 中国客家博物館は、都市部の梅江区に建設されている。分館として将軍館、校長館、黄遵憲記念館がある。

写真29－1　梅県の中国客家博物館。左の円形土楼型の建造物が本館。右が分館（2015年9月、河合撮影）

中国では他にも、深圳《しんせん》の客家民俗博物館、（注3）河源《かげん》の万緑湖《ばんりょくこ》客家民俗館、贛州《かんしゅう》の江西省客家博物院、成都の四川省客家博物館（➡第六章参照）など、客家の特化型ミュージアムが点在している。（注4）これらのミュージアムでは、主に各々の地域で客家の特色とみなされがちな物質文化が展示されている。

台湾でも近年、客家を主題とするミュージアムの建設が著しい。この種のミュージアムは、台湾では博物館の名をつけることがほとんどなく、一般的には「客家文物館」「文化館」「書院」（注5）などの名称をとっている。

また、台湾の各地には客家文化園区があり、展示場だけでなく、講演会場、イベント用ステージ、客家料理のレストランなどが内設

（3）深圳の東北部にある龍崗区は、客家の居住地であり、「囲い込み式」の伝統住居が数多く存在している。その一つが客家民俗博物館として改造されている。

（4）寧化の石壁客家祖地（➡第四章参照）にも地元の客家文化を展示したミュージアムがある。

（5）責任者の話によると、これらのミュージアムが博物館の名称をとっていない理由は単に収蔵庫がないからだという。だが、台北、苗栗、屏東、高雄などにある客家文化園区の規模は、大陸の中国客家博物館にも見劣りしない。

写真29 - 2　美濃紙傘のデザインが特徴の屏東客家文化園区
2016年11月（客家文化発展センター提供）

されている。いわば客家のテーマパークである。そのうち、苗栗と屏東の客家文化園区は国家部門である行政院客家委員会の管轄下にあり、客家の言語や文化を保存し後世に伝えることを主な目的としている。それゆえ、幼年・青年層も引きつけるため、客家文化に親しむことを目的とした遊技場も設けられている。地元の小中学校や社会人サークルによる芸術・芸能イベント、また客家学者による講演会や国際シンポジウムも開催される。（注6）

他方で、台湾の客家文物館は、客家文化園区に比べると規模こそ小さいが、より地方色豊かなミュージアムとなっている。台湾では、桃園、高雄、美濃、花蓮など各地に客家文物館がある。台中・石崗

（6）台北客家文化園区や高雄客家文化園区は市の管轄下におかれるが、同じく客家文化の展示やイベントが開催されるなど、似たような機能をもっている。

郷の土牛文化館も特化型ミュージアムの一つである。[注7] 台湾では、民間で文物を収集しミュージアムとして公開している民家があるのも、注目に値する。[注8]

特化型ミュージアムは、中国や台湾だけに限定的なわけではない。香港新界東部の西貢にある上窰民俗文物館は、香港文化博物館の分館ではあるが、客家に特化した展示をおこなっている。他にも、マレーシア・サバ州のサンダカンでは客家団体が会館に地元の文物を集め、小型のミュージアムをつくっている。

生活型ミュージアム

生活型ミュージアムは、客家のみを展示・解説の対象としている点で、特化型ミュージアムと共通している。ただし、生活型ミュージアムは、展示の舞台となっている空間がハコモノの建造物ではなく、客家の人々が実際に生活を営んでいるコミュニティそのものが博物館とされているという点が異なる。中国南部では最近、このタイプのミュージアムが増えている。

生活型ミュージアムのよくある形態は、地元の有名な建築物、とりわけ囲い込み式の伝統住宅をそのまま観光地として対外開放し、その内部で展示をおこなうものである。[注9] 例えば、梅州の梅県丙村では温《おん》公祠《こうし》と呼ばれる囲龍屋（➡第十七章参照）をまるごとミュージアムとし、内部の建築構造や民俗文化を展示パネルで紹介している。また、このスタイルは世

写真29 - 3　賀州客家エコミュージアムにある符第式の住居。建築構造は囲龍屋に似ている（2017年6月、河合撮影）

(7) 土牛文化館は、現地の三合院を改造してつくられている。
(8) 苗栗の三義客家書院は、その一例であろう。
(9) 政府や学者の主導で展示がおこなわれることもあれば、そこの住民が学者の協力を仰ぎながら展示をすることもある。

界文化遺産に登録された一部の土楼（➡第十六章参照）も同じである。そこではまだ客家の宗族が生活を営んでいる。(注10)

さらに、二〇〇七年には広西東北部の賀州《がしゅう》に客家エコミュージアム（生態博物館）が建設された。エコミュージアムとは、一九七一年にフランスで提起された「壁をもたない博物館」のことである。賀州客家エコミュージアムは、賀州の郊外にある蓮塘《れんとう》鎮の村を「生きた博物館」と規定し、そこの物質や民俗を「展示」している。(注11)そのうち一つの伝統住宅では、地元の文物を集め、解説つきで展示している。村内にある大型の囲い込み（府第式）住宅では、解説パネルが掲げられているだけでなく、ガイドによる解説を受けることもできる。

比較型ミュージアム

世界各地には、歴史・民族・文化を紹介する博物館が数多くある。そのなかで客家について部分的に展示し解説する博物館も少なくない。前述の通り、客家人口の多い中国南部や台湾では、客家だけを対象とするミュージアムがいくつも建設されている。ただし、世界中をみわたすと、中国文化の一部分として客家関係の資料を陳列し、他の民族／エスニック集団と直接的・間接的に比較するミュージアムが少なくない。中国文化や地域文化の一部分として客家関係の資料を陳列し、他の民族／エスニック集団と直接的・間接的に比較するミュージアムを、比較型と呼ぶ。

例えば、日本では、特化型や生活型の客家ミュージアムは存在していない。ただし、国立民族学博物館では、中国展示場などで客家と関連する資料があり、他の民族／エス

(10) 客家ミュージアムの一つの機能は、中原起源のルーツ、愛国主義的・教育主義的なパーソナリティ、固有の民俗などをめぐるイメージを広く人々に伝えることにある。しかし、こうした「生きた」ミュージアムの場合、客家文化のより多様な側面を見せることもできる。

(11) 広西では二十一世紀に入ってから、政府の主導により、一〇の民族生態博物館が建設された。その大部分は少数民族をテーマとしている。広西民族博物館の管轄下に入っている。

ニック集団と間接的に比較できるようになっている。[注12] こうした展示は枚挙に暇がない。ベトナムのハノイにある民族博物館でも、ベトナム五四の民族の一部として、客家の系統であるガイ（ンガイ）族が展示・解説されている。

そのなかで注目したいのは、客家と他の漢族集団とを並列させ、互いの違いと特徴を比較するタイプの展示がみられることである。その代表例の一つは、香港歴史博物館である。香港歴史博物館では、香港の本地人、福佬人（閩南系の集団）、客家のコーナーが隣接しており、それぞれの特徴を示す文物が展示してある。この展示場において、客家は農耕生活を営んできたことが強調されており、農耕に関する文物や写真が圧倒的に多い。[注13] 同様の展示は、広州博物館でも見られる。

また、地域が変わると、その現地の民族構成にあわせて、比較の対象も変わってくる。シンガポールの対岸にあるマレーシアのジョホール州には、新山華族歴史博物館がある。[注14] ここでは現地の主要漢族である「五帮」（広府人、潮州人、福建人、海南人、客家）が文物やパネルなどで解説され、相互を比較できるようになっている。このように比較型ミュージアムは、他集団との比較を通して客家の特徴を浮き彫りにするものとなっている。

（12）国立民族学博物館は、大阪府吹田市の万博記念公園にある。中国展示場に客家麒麟などの展示があるだけでなく、円形土楼のビデオテーク、広西客家語の紹介もある。二〇一五年には同館で台湾文化光点計画「台湾客家」の催しがおこなわれ、台湾や日本の客家に関する市民講演、文化イベント、および映画『一八九五』が上映された。

（13）ここで客家、本地（広東人）とともに展示されている「福佬」は広義にいうと潮州人の範疇に入る。ただし、ここでの展示は漁民文化に焦点が当てられている。

（14）新山華族歴史博物館は、二〇〇五年に新山中華公会により建設が計画され、華人系の南方大学（当時・南方学院）の協力などで、二〇〇九年に建設された。

第三十章　客家アイデンティティ

本書はこれまで客家の言語や文化が多様であることを繰り返し示してきた。それでは、なぜ客家の言語や文化はかように多様であるのだろうか。その理由の一つは、客家が度重なる移住に伴い、移住先の環境に適応してきたことが挙げられる。自然環境が変われば、生業の方式も必然的に変わり、それにより衣・食・住などの生活文化も別の形態へとなりうる。また、異なる言語を話す人々のなかに混じっていれば、現地の言語の影響を受けて訛ることもあるだろうし、そもそも地元の言語に同化されることもある。しかしながら、客家の多様性をこうした移動と適応の原理だけで説明できるのか、という問題も今後一層探求していかねばならない。客家と呼ばれる人々を調査すると、驚くほど客家としての自己意識をもっていなかった人々が多いからである。

客家概念の登場

客家という概念は、太古の昔から存在してきたわけではない。むしろ、客家が近代化の過程でもたらされた概念であるとする見解は、ますます多くの学者により支持されるようになっている。歴史文献において「客家」という文字がみられるようになったのは、清代中期とかなり遅い(注1)。しかも、当時の文献に記載された「客家」が現代的な意味での客家を指していたとは限らない(注2)。現代的な意味での客家は、むしろ西洋人との接触によ

(1) 十七世紀の『永安県志』で「客家」語が登場している。

(2) 中国ではもともと「客家」とはよそものの集団を指す言葉であった。したがって、今の客家ではなく、少数民族を指すこともあった。二十世紀に入ってもショオ族など他の民族のことを「客家」と言い表していた文献もある。

って、より正確には西洋由来の「民族」概念の普及により、一つのエスニック・カテゴリーとして生まれてきたからである（➡第二十四章参照）。

清代末期から民国期にかけて、客家の知識人たちは、「民族」の概念を応用して独特かつ固有の言語・文化をもつ集団カテゴリーを描出した。(注3) それを体系化したのが中国客家学の祖とされる羅香林である。羅氏は、漢民族の下位集団として「民系」の概念を提唱し、客家が独特の言語・文化をもつ「民系」であることを主張したのである。同時に、客家の知識人たちは、客家が中原にルーツをもつ「正統な漢族」であり、それゆえ漢族としての自尊心と愛国心をもち、質素・倹約で教育熱心であるとするイメージをつくりあげてきた（➡第二十五〜二十六章参照）。

こうして客家の概念は、二十世紀前半までには、広東省、香港、東南アジアを中心として広まっていった。さらに、一九七一年に香港で世界客家大会が開催され、回を重ねるにつれ、客家の概念と客家であることのアイデンティティはよりグローバルに展開するに至ったのである。

客家意識の高揚

ところが、一九七八年十二月に中国で改革開放政策が施行される以前、客家の概念は、「客家の故郷」として知られる広東省・福建省・江西省の境界地域ですら民間に浸透していたわけではなかった。(注4) 梅州（➡第三章参照）や龍岩では、客家の概念は「昔から聞いてはいたが自身がそうだという自覚が薄かった」と話す高齢者が少なくない。河源、寧化県（➡第四章参照）さらに中国最大の客家地域である江西省の贛州（➡第五章参照）では、改革開放政策が始まるまで、大半の住民が客家という言葉を耳にしたことが

（3）詳しくは、程美宝『地域文化与国家認同――晩新以来「広東文化」観的形成』（北京：生活・読書・新知、二〇〇六年）、および飯島典子『近代客家社会の形成――他称と自称のはざまで』（風響社、二〇〇七年）を参照。

（4）詳しくは、河合洋尚「空間概念としての客家」（『国立民族学博物館研究報告』三十七-二、二〇一三年）を参照。

なかった。彼らは、学者、メディア、もしくは地元政府により、後に自身が客家であることを「宣告」されている。

彼らは、「客家になる」前、さまざまな名前で自らの集団を呼称していた。なかには、「客」や「客人」と呼ばれていたため、客家という呼称を抵抗なく受容した人々もいる。しかし、いま客家とみなされている人々のなかには、「客家」とは別の集団を指す（時として蔑称でもある）との理由で、自身が客家であることを認めたがらない人々もいた。二十一世紀初頭、恵州出身者のなかには「本当に自分が客家であるのか」と疑っていた若い学生が何人かいたことを覚えている。

相対的に客家が多く分布する四川省や広西でも、改革開放政策が始まるまで客家の意識が薄かった。(注5) 一般的に、四川省の客家は広東省の出身者が多数派であるため、彼らは「広東人」を自称していた。興味深いことに、龍岩や贛州からの移民であっても、四川省に定住してから「広東語」を話すようになったため、「広東人」を自称した。他方で、広西の客家はかつて地域に応じて「ンガイ人」「新民」「客人」など、さまざまな自称を用いていた。彼らの大半が自身は「広東人」ではなく客家である（もしくは自身の言葉が「広東語」ではなく客家語である）ことを知ったのは、改革開放政策が始まってからのことであった。(注6)

こうした状況は、実際のところ台湾にも該当する。台湾では、客家はかつて「広東人」や「客人」などの言葉で自己の集団を呼称してきた。今でも九十歳を超える高齢者世代のなかには、自身を「広東人」と呼ぶ人々がいる。台湾の民間で客家という概念が多用されるようになったのは、一九八〇年代末に客家権利主張運動が起きてからのことである。

（5）詳しくは、劉鎮発『「客家」―誤解的歴史，歴史的誤解』（学術研究叢書、二〇〇一年）を参照。

（6）注目に値するのは、特に政府機関、軍事機構、教育機関に所属していた一部の人々は、一九七八年より前に客家としてのアイデンティティをもっていたということである。

客家とは誰なのかを再び問う

「広東人」であれ「客人」であれ「ンガイ人」であれ、彼らは広東省・福建省・江西省の境界部より移住してきた人々の子孫という意味で、客家であると「科学的」にみなされている。換言すれば、「広東人」や「客人」や「ンガイ人」は、言い方が違うだけで、客家と等符号で結ばれると一般的に考えられている。もしかすると大枠はそうなのかもしれない。だが、フィールドワークをしていると、客家としてのアイデンティティをもつ人々のなかには、本当にもともと客家であったのか疑問に思えてくるケースもいくつか存在する。

一例を挙げてみよう。広西で客家と自他ともに呼ばれている人々のなかには、客家語を話すことができず、主に広東語系の現地語を使用する集団がある。彼らに話を聞くと、この集団は江西省吉安府から広東省北部の珠機巷《しゅきこう》を通過して広西に移住した。しかも、広西に移住してから客家語を失ったのではなく、先祖代々、広東語系の言語を話してきたのだという。では、なぜ彼らは客家を自認するようになったのか。それは、この集団が現地の他の集団より遅れて移住したため、昔から「客人」と呼ばれてきたからだという。ここで指す「客人」とは、言うまでもなく遅れて移住してきた人々を指す。[注7] つまり、エスニック集団としての客家と、遅れてきた集団を意味する「客人」とが混同され、「客人」が客家へと転換しているのである。また、広東省西部の雷州半島でも、「客人」と呼ばれてきた閩南人が、客家を自認するようになっているケースが認められる。その反面、ここでは客家語系の言語を話すはずのンガイ人が、客家として認識されないことすらある。

（7）広東省西部では、客家ではなく、遅れて現地に移住してきた広東人の方が「客人」と呼ばれていた。海南島でも、「客人」と呼称されているのは、客家ではなく、福佬人の方である。海南島の事例の詳細は、瀬川昌久（「「客」概念と「客家」」『中国二十一』、二〇〇六年）を参照。

（8）東南アジアでは広東、福建、潮州、海南など、地域をべ

他にも、歴史的に客家語を主要な使用言語とせず、客家とはおよそ関係なさそうな人々が、近年になり客家を自称し始めた例は枚挙に暇がない。ある宗族は、祖先が文天《ぶんてん》祥《しょう》（南宋末の宰相、詩人で愛国の英雄とされる）の子孫であると信じており、文天祥が客家であることをインターネットで知ったことから、客家としてのアイデンティティに目覚めたのだという。また、ある宗族は、非客家語系の集団であったが、中原から南下してきた話を聞き、自身の集団が客家なのではないか疑うようになった。言うまでもなく、南方の客家は全て中原に起源するのだが、中原漢族＝客家という言説が一人歩きすることで、新たな客家が誕生しているのである。

東南アジアには別のタイプの客家もいる。東南アジアに移住した後、世代が経つと、すでに客家語を話すことができず、祖先の故郷が具体的に中国のどの村落なのか明確にはわからなくなっている。そうした時、中国のおおよその出身地に基づき、彼らが客家であるか否かを判断する。恵州、清遠、従化の出身ならば必然的に客家とみなされるという具合に、である。もちろん恵州、清遠、従化には多数の客家がいるが、その住民の全てが客家ではない。これらの地域は広東人と客家の混住地である。にもかかわらず、これらの出身であるというだけで客家であると自他ともに認められることがある[注8]。

このようにしてみると、客家とは、必ずしも客家語の話者を指すわけでも[注9]、広東省・福建省・江西省の境界部からの移住者を指すわけでもないことが明らかである。客家は、一つの集団にルーツをもつのではなく、さまざまな集団が社会的状況に応じて転換してできた集団である、という方が正確なのかもしれない。客家とは誰なのか。なぜ客家の言語や文化はかくも多様なのか。これらは今後さらに検討していくべき問題群なのである。

ースにした団体が設立されているが、その反面、少数派であるため団体がなく、これらの地域ベースの団体に属せない華僑華人もいる。例えば、ベトナムのある湖北人は、湖北会館が現地にないため、客家団体の成員となっている。この場合、地域名を唯一冠していない客家団体に入るという現象がある。彼が、一方では湖北人として自己認識しているが、他方で客家でもあると主張するように、ダブルアイデンティティをもつ客家も現れるようになっている。

（9）そもそも客家語というカテゴリーそのものが曖昧であり、それにより客家という集団が提起されることの限界は第二十三章で示したとおりである。また、江西省贛州の中部や北部は、羅香林ですら、客家が少数の地域であると一九三〇年代に指摘している。したがって、そこからの移住者＝客家という見解も検討が必要である。

コラム③

タヒチ客家見聞録――河合洋尚

タヒチと客家

タヒチと聞いて日本人が抱くイメージは、通常、ハネムーンの聖地、南国の景色、黒真珠、エキゾチックな女性などである。歴史や美術に関心のある者ならば、大航海時代にタヒチを訪れたクックやブーガンヴィル、十九世紀後半にタヒチで暮らした画家ポール・ゴーギャンを思い浮かべる者もいるかもしれない。タヒチは南太平洋に浮かぶフランス領の島嶼国であり、ここにはポリネシア系の原住民・マオヒや、マオヒとフランス人の混血（「ドゥミ」と呼ばれる）が多く暮らしている。だから、タヒチと聞いて中国系の人々を真っ先にイメージする者は、そうは多くないだろう。

だが、客家を研究する者にとってタヒチは特別な場所である。現在、タヒチではエスニック別の統計をとっていないため、タヒチで中国系の住民がどれだけの比率を占めているのか具体的な数値はわからない。ただし、関連の研究によると、タヒチで華人が占める割合は約五パーセント、混血も含めると約一〇パーセントいると推測されている。とりわけ中国系住民は、首都パペーテに集中している。一九六五年にNHK特別取材班が『南太平洋――自然と文化』で記した情報によると、パペーテにいる二万人のうち、約二〇パーセントは中国人である。そして、フランス国籍を取得している古くからの中国系住民（華人）のなかで多数を占めるのが、客家なのである。

タヒチの華人については、すでにフランスと台湾を中心とする学者が研究をおこなっており、その歴史やエスニック・アイデンティティなどが明らかにされてきた。私は、オーストラリアの図書館で資料を閲覧し、台湾の国際シンポジウムに参加するにつれ、タヒチに多くの客家がいることを徐々に知るようになった。そして、どうやら彼らのルーツが広東省の中部であること、十九世紀半ばの綿花プランテーション栽培を契機としてタヒチに移住し始めたこと、などの情報を得た。ただし、タヒチの華人研究は、歴史的な記述をめぐるものが多かった。それゆえ、私は、いまを生きる客家の社会組織や生活文化についてより知りたいと思うようになり、まだ先行研究を十分に読みこなしていたわけではなかったが、まず現地を訪れてみたいと思う気持ちが膨らんでいった。こうしたなか、二〇一七年二月、タヒチへと出かける機会を得ることができた。

　日本では、タヒチの華人をめぐる研究は非常に少ない。ましてやタヒチの客家を主題とする日本語の本や論文を目にしたことはほとんどない。それだけに、一週間余りという短い期間ではあったが、私にとってタヒチで見聞した事柄は全てが貴重なデータであった。本書は、広東省、福建省、台湾を中心としており、とりわけ南半球の客家に関する記述に欠けている。そのためこのコラムでは、その補填を少しでもするため、タヒチで初めて調査した時の見聞録を示すことにする。

パペーテへ

　二〇一七年九月、東京からタヒチの首都パペーテには直行便が飛んでいた。私が住む大阪からは直行便がないので、まず伊丹空港から成田空港に行って乗り継ぎ、さらに成田空港から約十一時間かけてパペーテに飛ばなければならない。この直行便は、夜に日本を出て、午前にパペーテに着くスケジュールとなっている。私がパペーテに到着したのは午前九時過ぎであった。二月のタヒチは真夏であるので、空港で夏服に着替え、二〇〇〇パシフィ

写真③-1　パペーテの市街地（2017年2月、河合撮影）

写真③-２　春節期間中のマルシェ（2017年2月、河合撮影）

ック・フランを払ってパペーテのホテルに向かった。ホテルで少し休んだ後、昼食をとる目的もかねて市街地を散策した。

パペーテの市街地は、それほど大きくない。徒歩で十分まわれる。ここを見たときの第一印象は、町のつくりが前に訪れたフィージーの首都スバと比較的よく似ているということであった。スバの市街地では、明らかに中国料理の店と分かる小さな店がいくつも並んでおり、店内には中国語や広東語を話す華人がたくさんいた。しかし、パペーテの市街地では、一見して中国料理のレストランとは分からない店が多く、なかで働いている人々もマオヒか、華人であっても中国語や広東語がほとんど通じなかった。

それでも、パペーテの市内、特にマルシェ（中央市場）の一帯は、中国的な雰囲気に包まれていた。私がタヒチを訪問した時、ちょうど春節（旧正月）の期間であり、マルシェには中国風の飾りつけがなされていた（写真③-２）。二〇一七年は酉年であったため、マルシェの周りには鶏の絵とともに新年を祝う文字が溢れていた。とりわけマルシェの周囲には華人が経営する店舗が多い。これらの店でも中国風の灯籠、紙傘、獅子、チャイナドレスなどで飾り付けがなされており、一見して「ここはチャイナタウンではないか」と目を疑うような光景となっていた（もっとも春節期間が過ぎると、これらの装飾品は取り外された）。

前述のように、パペーテの華人の多くは、中国語や広東語を話すことができない。しかし、市街地を歩いていたり、スムージーを飲みながら飲食店でゆっくりしていたりすると、中国系の言語が耳にとびこんでくることがある。耳を澄ませて会話を聞くと客家語である。ただし、私がよく耳にしてきた梅県の客家語ではない。深圳や東莞など広東省中部の客家語のようである。市街地を歩いているだけで、タヒチの華人の大半が客家であるという情報を再確認することができる。数日後に客家団体の関係者に聞いた話によると、タヒチの華人のなかで客家が占める割合は、七〇～八〇%にものぼり、その大半がタヒチ島に住んでいるという。さらに、タヒチが属するソシエテ諸島では、タヒチ島のほか、ライアテア島のウツロア（Uturoa）やフアヒネ島のファレ（Fare）にも客家が集住していると聞く。

元宵節のイベント

タヒチに持参した観光ガイドブック『地球の歩き方――タヒチ』でパペーテの地図をみるなかで、前々から気になっていたのが市街地の外れにある「中国寺院」であった。私が宿泊していたホテルからも徒歩で行ける範囲に位置していたので、ガイドブックを片手にここを訪れることにした。そこで私が見たのは、想像を上回る大きな関帝廟であった。関帝廟の入り口は牌坊《はいぼう》（門）があり、そこから中に入って行くと十二支の石像が道の両脇に並べられている。そして、関帝廟の前には関帝（関羽）の像があり、その前には劇をする大きな舞台がある。舞台のまわりには観客席の椅子が備え付けられていて、ちょっとしたミニ・スタジアムのようであった。

私が初めて関帝廟を訪れた時、廟は閉まっていたが、フランス語のポスターが門に貼られていたのが目に入ってきた。そのポスターには、春節期間中の旧暦一月一日、旧暦一月九日、旧暦一月十五日の三度にわたり、文化イベントが開催される旨が書かれていた。私がこのポスターを見た日はちょうど旧暦一月十五日、つまり元宵節《げんしょうせつ》にあたる日であった。元宵節のイベントは、午後六時以降に催されるらしい。私は、一度ホテルに戻り、市街地を散策してから、関帝廟に向かった。

　午後六時を過ぎると、日が暗くなってきたが、市街地から関帝廟に向かう道は非常に賑やかになっていた。獅子舞を先頭とする長蛇の列ができ、華人もマオヒも白人も一緒に並んで関帝廟を目指していた。行進の列の中央部には太鼓だけでなく、鶏のレプリカを乗せた神輿が担がれていた。やがて関帝廟の門に着くと、爆竹が鳴らされ、獅子が躍る。そして、関帝廟の舞台へと行進が向かい、観客は周囲の席に向かったり、近場で売られていた食べ物を買いに行ったりした。

写真③ - 3　元宵節の舞踊イベント。ポリネシアン・ダンスの影響がみられる（2017年2月、河合撮影）

　関帝廟での催しは、午後七時から始められた。司会や開幕の挨拶は、基本的にフランス語がベースであり、客家語はたまに織り交ぜられる程度であった。この日の催しは、数えたところ開幕の挨拶を含めて一九項目あり、華人を中心とする老若男女が舞台に立った。タヒチの元宵節のイベントは、中国の歌謡、舞踊、太極拳とどこにでも見られる一般的なものであり、バックの音楽もよく知られた標準中国語や広東語の曲ばかりであった。私が観察した限り、客家の特色として強調されるものはほとんどなく、一般的に想像される「中国イメージ」が先行していた。

　だが、そのなかでも私が興味深く思えたのは、約二時間おこなわれた演目のうち、舞踊が一一項目で、そのうち一〇項目が女性の団体により上演されていたことであった。参考までに、二〇一七年に神戸中華街で催された春節イベントをみると、計四六項目あったイベントのうち、舞踊は四項目

庭料理全般が、客家料理とみなされることも度々あった。だから、ある人はタロイモが多く入った中国料理が客家の特色であると言っていたし、ある人はマア・ティニト（Maa Tinito）こそが最も代表的な客家料理であると主張していた。マア・ティニトとは、パスタ（マカロニ）、紅豆、豚肉、野菜を混ぜてつくった料理である。確かに味は広東（東江）客家料理のように塩辛いが、パスタが入っていることからも分かるように、もともと中国に起源する料理とはいいがたい。

写真③-6　マア・ティニト（2017年2月、河合撮影）

　このように、タヒチの客家料理は、一見すると故郷のそれとは大きく異なっている。しかし、私は一つだけ広東省とほぼ同じ客家料理をパペーテのレストランで見つけた。黄酒鶏（フランス語のメニューでsoupe au poulet sang pao）である。これは鶏を娘酒で煮た料理で、主に女性が産後の一カ月間に食す「鶏酒《ジージウ》」である（➡第十三章参照）。タヒチの客家は家庭でも自前でこれをつくるのだという。これほど現地化が進んでいても、産後の習慣や禁忌にまつわる重要な文化だけは変わりにくいのであろう。タヒチの事例は、客家文化の多様性だけでなく、その混交性や持続性のあり方の一端も示してくれるのである。

注記：本コラムは、二〇一七年五月七日に国立民族学博物館で開催されたウィークエンドサロン「華僑の移住と暮らし――タヒチ」の講演内容に基づいている。なお、筆者（河合）はその後もタヒチで調査を続けているが、初めて現地を目の当たりにした新鮮な感覚を残すことも重要であると考え、あえて後に得られた情報を追加していない。

参考図書

甘粕　正　二〇〇七『客家大富豪一八の金言』、講談社
甘粕　正　二〇一一『客家大富豪の教え』、PHP研究所
飯島典子　二〇〇七『近代客家社会の形成――「他称」と「自称」のはざまで』、風響社
猪俣重喜　二〇〇八『中国伝統すまいの空間――窰洞　客家土楼　四合院・胡同』、文芸社
上野　明・鈴木啓介編　一九九一『ボーダーレス時代の国際関係』、北樹出版
遠藤雅裕　二〇一六『台湾海陸客家語語彙集』、中央大学出版部
緒方　修　一九九八『客家見聞録』、現代書館
緒方　修　二〇〇二『世界客家（はっか）大会を行く』、現代書館
岡田健太郎　二〇〇〇『客家円楼――一週間で円楼を見に行く』、旅人社
沖縄大学　二〇〇五『「世界客家大会とその成果」に関する調査研究――世界ウチナーンチュ大会の発展と沖縄振興へ向けて』、沖縄大学緒方修研究室
温　戴奎編　一九九九『客家語会話練習帳』、大学書林
温　戴奎　二〇〇九『客家語基礎語彙集』、大学書林
関西中国女性史研究会編　二〇〇四『ジェンダーからみた中国の家と女』、東方書店
菊池秀明　一九九八『広西移民社会と太平天国』、風響社
黒田悦子編著　一九九四『民族の出会うかたち』、朝日新聞出版社
在廣東帝國總領事館編　一九三二『廣東客家民族の研究』、外務省情報部
蔡　驎　二〇〇五『汀江流域の地域文化と客家――漢族の多様性と一体性に関する一考察』、風響社
鍾　家新　一九九九『中国民衆の欲望のゆくえ――消費の動態と家族の変動』、新曜社
鍾　理和他　二〇〇五『客家の女たち』（安部悟他訳、松浦恆雄監訳）、国書刊行会
鈴木佐代子　一九八八『客家』、青弓社
瀬川昌久　一九九一『中国人の村落と宗族――香港新界農村の社会人類学的研究』、弘文堂
瀬川昌久　一九九三『客家――華南漢族のエスニシティーとその境界』、風響社
瀬川昌久　一九九六『族譜――華南漢族の宗族・風水・移住』、風響社
瀬川昌久　二〇一二『近現代中国における民族認識の人類学』、昭和堂

瀬川昌久・飯島典子編　二〇一二　『客家の創生と再創生──歴史と空間からの総合的再検討』、風響社
戴　国煇　一九八八　『台湾──人間・歴史・心性』、岩波書店
戴　国煇編　一九七四　『東南アジア華人社会の研究（上・下）』、アジア経済出版会
戴　国煇他　二〇一一　『客家・華僑・台湾・中国』、みやび出版
高木桂蔵　一九九一　『客家──中国の内なる異邦人』、講談社
高木桂蔵　一九九四　『客家がわかればアジアが見える──逆境を生き抜く回天の知恵』、光文社
高木桂蔵　一九九五　『客家の鉄則──人生の成功を約束する「仲」「業」「血」「財」「生」の奥義』、ごま書房
高木桂蔵　二〇〇五　『客家の鉄則──世界を動かす「東洋のユダヤ人」』、ごま書房
武内房司・塚田誠之編　二〇一四　『中国の民族文化資源──南部地域の分析から』、風響社
塚田誠之編　二〇〇三　『民族の移動と文化の動態──中国周縁地域の歴史と現在』、風響社
中川　学編　一九八〇　『客家論の現代的構図』、アジア政経学会
西村祐子　二〇一七　『革をつくる人びと──被差別部落、客家、ムスリム、ユダヤ人たちと「革の道」』、解放出版社
根津　清　一九九四　『客家──最強の華僑集団　ルーツ・パワー・ネットワークの秘密』、ダイヤモンド社
橋本萬太郎　一九七二　『客家語基礎語彙集』、東京外国語大学アジア・アフリカ言語文化研究所
浜下武志他　一九九九　『アジアの「近代」──一九世紀』（岩波講座世界歴史二〇）、岩波書店
林　郁　二〇一五　『游日龍の道──台湾客家・游道士の養生訓』、東洋書店
フリードマン、M　一九八七　『中国の宗族と社会』（田村克己・瀬川昌久訳）、弘文堂
牧野　巽　一九八五　『中国家族研究（下）』（牧野巽著作集、第二巻）、御茶の水書房
牧野　巽　一九八五　『中国の移住伝説──広東原住民族考』（牧野巽著作集、第五巻）、御茶の水書房
松本一男　一九九五　『客家パワー──中国と東南アジアを動かす』、サイマル出版会
松本宣郎・山田勝芳編　一九九八　『移動の地域史』、山川出版社
村上　衛編　二〇一六　『近現代中国における社会経済制度の再編』、京都大学人文科学研究所
茂木計一郎他編　一九八九　『中国民居研究客家の方形・環形土楼について』、住宅総合研究財団
茂木計一郎他著　一九九一　『中国民居の空間を探る─群居類住〝光・水・土〟中国東南部の住空間』、建築資料研究社
茂木計一郎・片山和俊著、木寺安彦写真　二〇〇八　『客家民居の世界──孫文、鄧小平のルーツここにあり』、風土社
矢吹　晋・藤野　彰　二〇一〇　『客家と中国革命──「多元的国家」への視座』、東方書店
羅　香林　一九四二　『客家研究導論』（有元剛訳）、吉村商会

林　浩　一九九六『アジアの世紀の鍵を握る客家の原像――その源流・文化・人物』（藤村久雄訳）、中央公論社
渡邊欣雄　一九九一『漢民族の宗教――社会人類学的研究』、第一書房
渡邊欣雄　一九九四『風水――気の景観地理学』、人文書院
渡邊欣雄　二〇一七『術としての宗教――漢民族の文化システム』、森話社

※日本語で比較的容易に入手可能な客家関係の文献を選定した。

あとがき――客家をめぐるセレンディピティ

セレンディピティ（serendipity）とは、予想外の出来事に出会い、探しているものとは別の価値を偶然見つけることを指す。われわれにとって、客家とはまさにセレンディピティと形容するにふさわしい対象である。われわれ執筆者三名は、華僑の家庭に生まれたわけでも、中国と密接なかかわりを持ちながら育ってきたわけでもない。大学、大学院に入るまで、客家は馴染みない言葉であり、かつては自分が客家の研究を始めるなどとは思ってもみなかった。われわれの大学院時代の指導教官がいずれも客家研究に長年従事していたという共通項はあるが、最終的に客家社会で調査するようになったのは、各自が客家の人々とふれあい、その魅力にひきこまれていったからにほかならない。

だが、文献を読み、自分の足でフィールドワークをおこなうにつれて、これまで中国や日本で刊行されてきた客家をめぐる概説書に疑問をもつようになった。わかりやすく書くのが概説書の宿命であるといってしまえばそれまでであるが、これまで刊行された概説書は、客家の文化やパーソナリティに関する「特色」をやたらと説明したがる傾向にある。時として、「東洋のユダヤ人」や「中国のなかの異邦人」などの言葉で、客家の集団的特殊性や優秀なパーソナリティ・精神が過度に強調されているものも少なくない。ところが、中国東南部をみるだけでも、客家とその文化は、一つのエスニック集団の名で括ることが憚《はばか》られるほど多様性があり、他の漢族集団や少数民族と共通する要素も少なくない。客家が中原から南下した士族の末裔であるとする「常識」も、今の学界では否定される風潮すらある。ところが、こうしたことは学術論文や専門書で書かれることはあっても、概説書で描かれることはほとんどない。もちろん緒方修が出版した『客家見聞録』や『世界客家大会を行く』など、紀行文により現実の客家の様子を一歩踏み込んで紹介した本はいくつかあるものの、今を生きる客家を全体的に理解できる概説書すら、まだ日本では世に出ていないように思える。そうであるから、市民講演などで「客家について分かりやすく全体像を把握できるような本はありますか」という質問を受けるたびに、戸惑いを感じてきた。われわれは、こうした講演に出席された方々の声に励まされ、本書をつくりたいと考えたのである。

客家人口の多い大陸中国や台湾に比べると、日本では客家をめぐる概説書や専門書の数が限られている。だが、ここで強調したいのは、客家と日本は全く無関係ではないということである。むしろ、客家は日本と歴史的に密接なつながりをもっている。

日本人が客家に関心をもちはじめたのは十九世紀末である。植民地主義の拡大により、台湾や中国東南部を侵略した日本人は、そこで客家と呼ばれる人々と出会った。そして、「客家とはどのような民族集団なのか」「中国の他の漢族または少数民族とどのように違うのか」という基本的な疑問から出発し、客家のルーツ、言語、風俗習慣などを調べる研究が始まった。特に一九二〇年代に入ると、共産党の軍隊であった八路軍などで活躍するリーダーに客家が少なくなかったことから、客家は中国やアジアを理解する鍵として着目されるようになった。一九三二年には、外務省情報部から『広東客家民族の研究』という本が出版され、客家の歴史や文化などが紹介されるとともに、客家が優秀な漢族であると結論づけられている。他方で、十九世紀末から二十世紀前半にかけて、多くの客家が日本に留学し、帰国後、中国の近代化に貢献したことは本書でも述べた通りである。

だが、戦後の混乱と高度経済成長の時代はあまり中国や東南アジア事情を知る需要もなく、また中国社会も毛沢東体制のもと漢族の多様性を強調しなかったことから、客家はさして注目を集めることがなくなった。こうした状況は一九七〇年代まで続き、この時期まで客家は日本語読みで「きゃっか」と呼ばれることが多かった。それが転換期を迎えたのが一九八〇年代後半である。この時期、大陸中国で鄧小平、台湾で李登輝、シンガポールでリー・クワンユーなどが実質的なトップに立ち、中華圏の実権を握ったことから、日本でも客家が再び脚光を浴びることとなった。とりわけ一九九〇年代に入ると、客家に関する一般書が次々と出版され、それまで「きゃっか」と呼ばれていたのが、客家語の原語で「ハッカ」と称されるようになり現在に至っている。

こうして客家は日本でさまざまに紹介されるようになっていったが、それにより主に二つの「偏った」見解が生み出された。一つは、近現代政治との関わりが過度に強調されすぎている点である。先述の三名の他、太平天国の乱のリーダーである洪秀全や革命の父である孫文など、数多くの著名人が「客家」として紹介されるようになった。しかし、実際のところ客家のアイデンティティは昔から確固たるものとして存在したわけではなく、彼らがどれだけ客家を自認していたかは疑問である。もう一つは客家の特異性がやたらと強調され、客家が他の漢族と全く異なる集団であるかのように描かれていることである。しかしながら、本書で述べてきた通り、現実的に客家の言語や文化は極めて多様であり、他方、客家の文化は少なからず、他の漢族集団とも共通している。こうした歴史を鑑みると、そろそろわれわれは、客家の「特色」や「処世術」を語るのではなく、可能な範囲で等身大の客家を伝えるべきではないのか。長年それぞれの分野で客家に関する調査研究を続けているうちに、どうしても客家の実像はこれまでの概説書でたびたび語られてきた客家像と著しく異なる、という結論にたどり着いた。そして世間にある客家の通俗的なイメージをどこまで覆せるか、に挑戦しようと考え、この本の執筆に着手したのである。

客家に限らず社会集団と名称の関係は時として政治的側面が強く作用する。とりわけ明確な定義、基準をもたない社会集団はその時々の社会情勢、政治体制に大きく影響を受ける。本書はボンヤリとした境界を有する社会集団である客家を対象にしたものであるが、裏を返せば客家を例にして二十世紀から現代にいたるまでの日本と中国および他のアジア諸国、それらを取り巻く社会状況、政治体制、歴史的変遷を考える本でもある。いまでこそ客家のシンボルとなった円形土楼がかつてさほど代表的な建築でなかったり、客家料理と呼ばれるものも実に多様であったり、そして客家の分布地域も従来の認識を超えてはるかに広がっているなど、出来る限り通説に挑んできたつもりである。

考えてみたらこの一連の試みはジグゾーパズルにも通じるものがあった。完成図をある程度予想はしていたものの、実際にピースを集め、嵌め込んでいるうちに細部に思いもかけない絵が描かれていったのである。そして——

これが実際のジグゾーパズルと異なる点だが――その完成図を見ると裏には全く別の絵が描かれていた、といってもいいかもしれない。本書を執筆する間、われわれはますます客家という集団の変遷と広がりに魅了されていった。

本書の作成にあたり実に多くの人々にお世話になった。とりわけ世界各地で出会い、貴重な情報を提供していただいた客家の方々には、厚く御礼を申し上げたい。師である中川学先生、渡邊欣雄先生、世界客家大会の変遷を通して現代の客家を追いかけるヒントを下さった緒方修先生、改稿にあたり一部確認をいただいた日本関東崇正会の吉本秋雄（周子秋）会長、日本関西崇正会の城年徳会長、および大阪大学大学院生の范智盈さんにもお礼を申し上げる。末筆になるが、本書を世に出すために出版を快諾して下さった現代書館の菊地泰博社長に心から御礼を申し上げたい。

飯島典子・河合洋尚・小林宏至

■執筆者紹介

飯島典子（いいじま　のりこ）

広島市立大学国際学部准教授。博士（歴史学）。

1998年、一橋大学博士課程修了。

専攻は歴史学、客家社会研究。

1990年代初期、当時まだ日本でさして注目されなかった客家、というテーマに新たなアジア研究の可能性を見いだし、台湾を手始めに中国と東南アジアを中心にフィールドワーク、文献研究の両面から歴史研究を進めてきた。主な著書に『近代客家社会の形成－「他称」と「自称」のはざまで』（風響社、2007年)、『客家の創生と再創生－歴史と空間からの総合的再評価』（風響社、2012年、共編著）など。

本書の担当章：1、7、9、14、21、24～25、27～28章

河合洋尚（かわい　ひろなお）

国立民族学博物館グローバル現象研究部／総合研究大学院大学文化研究科准教授。博士（社会人類学)。

2009年、東京都立大学大学院社会科学研究科博士課程修了。

専攻は社会人類学、漢族研究、環太平洋客家研究。

大学在学中に兵庫県で調査をおこない、はじめて客家と出会う。社会・文化人類学の視点から、中国南部をはじめ、東南アジア、オセアニア、アメリカ大陸でフィールドワークを重ね、客家の文化、社会、景観にまつわる調査をおこなってきた。主な著書に『日本客家研究的視角与方法―百年的軌跡』（社会科学文献出版社、2013年、編著)、『フィールドワーク―中国という現場、人類学という実践』（風響社、2017年、共編著）など。

本書の担当章：２～３、５～６、８～10、15、17～23、29～30章

小林宏至（こばやし　ひろし）

山口大学人文学部准教授。博士（社会人類学)。

2013年首都大学東京大学院人文科学研究科博士課程単位取得満期退学。

専攻は社会人類学、中国漢族研究、客家社会研究。

大学在学中に土楼と出会い文化人類学的な調査を行うことを始める。2007年に首都大学東京の大学院に進学し、2008年～2010年にかけて厦門大学に高級進修生として在籍。1年半にわたり土楼に居住するなど、客家の建築をはじめさまざまな分野でのフィールドワークを重ねてきた。主な論文に「テクストとしての族譜―客家社会における記録メディアとしての族譜とそのリテラシー」(『社会人類学年報』37号、2011年)、「客家地域における閩南文化――分水嶺を越境する神様の「里帰り」」(『やまぐち地域社会研究』14号、2017年）など。

本書の担当章：４、８、11～13、16、19～20、26章

客家《ハッカ》
――歴史・文化・イメージ
二〇一九年五月二十五日　第一版第一刷発行
著者　飯島典子・河合洋尚・小林宏至
発行者　菊地泰博
発行所　株式会社　現代書館
東京都千代田区飯田橋三―二―五
郵便番号　102-0072
電話　03（3221）1321
FAX　03（3262）5906
振替　00120-3-83725
組版　デザイン・編集室エディット
印刷所　平河工業社（本文）
東光印刷所（カバー）
製本所　積信堂
装丁　伊藤滋章

校正協力・高梨恵一

Printed in Japan ISBN 978-4-7684-5853-2
定価はカバーに表示してあります。落丁本・乱丁本はお取り替えいたします。
http://www.gendaishokan.co.jp/